Radfahren im Dreiländereck
Band 2

Klaus Voß & Bruno Bousack

Radfahren im Dreiländereck
Band 2

16 Tourenvorschläge von 25-70 km

Meyer & Meyer Verlag

Papier aus nachweislich umweltverträglicher Forstwirtschaft.
Garantiert nicht aus abgeholzten Urwäldern!

Radfahren im Dreiländereck – Band 2
16 Tourenvorschläge von 25-70 km

Bibliografische Information der Deutschen Nationalbibliothek
Die Deutsche Nationalbibliothek verzeichnet diese Publikation in der Deutschen
Nationalbibliografie; detaillierte bibliografische Details sind im Internet über
<http://dnb.d-nb.de> abrufbar.

Alle Rechte, insbesondere das Recht der Vervielfältigung und Verbreitung
sowie das Recht der Übersetzung, vorbehalten. Kein Teil des Werkes darf
in irgendeiner Form – durch Fotokopie, Mikrofilm oder ein anderes Verfahren –
ohne schriftliche Genehmigung des Verlages reproduziert oder unter Verwendung
elektronischer Systeme verarbeitet, gespeichert, vervielfältigt oder verbreitet werden.

© 1990 by Meyer & Meyer Verlag, Aachen
6. überarbeitete Auflage 2012
Auckland, Beirut, Budapest, Cairo, Cape Town, Dubai, Indianapolis,
Kindberg, Maidenhead, Sydney, Olten, Singapore, Tehran, Toronto
Member of the World
Sport Publishers' Association (WSPA)
Druck: B.O.S.S Druck und Medien GmbH
ISBN: 978-3-89899-726-3
E-Mail: verlag@m-m-sports.com
www.aachen-buecher.de
www.dersportverlag.de

INHALT

VORWORT **8**

TOUR 1   Mit dem Fahrrad über Meeresgrund
"Kalkroute" durchs Münsterland
Lintern • Niederforstbach • Krauthausen • Dorff • Breinig • Venwegen • Hahn • Friesenrath • Sief • Lichtenbusch – ca. 35 km **10**

TOUR 2   Von Hütte zu Hütte
Ehemalige Eisenwerke an der Vicht
Brand • Kornelimünster • Hahn • Venwegen • Zweifall • Vicht • Breinig • Dorff • Krauthausen • Brand • Eilendorf • Rothe Erde – ca. 45 km **22**

TOUR 3   Schon die alten Römer...
Bleierz aus Büsbach, Gressenich und Breinig
Brand • Krauthausen • Dorff • Büsbach • Stolberg • Diepenlinchen • Werth • Gressenich • Mausbach • Breinigerberg • Breinig • Kornelimünster • Aachen – ca. 40 km **34**

TOUR 4   Aus der Kaiserstadt in die Kupferstadt
Zu den Kupferhöfen in Stolberg
Rothe Erde • Brand • Büsbach • Stolberg • Eilendorf – ca. 30 km **44**

TOUR 5   Kraftwerke des Mittelalters
Ehemalige Mühlen im Indetal
Forst • Brand • Kornelimünster • Krauthausen • Gedau • Münsterbusch • Atsch • Eilendorf • Forst – ca. 35 km **56**

TOUR 6   Wo der Wildbach rauscht
Längs Wildbach, Wurm und Haarbach
Aachen • Seffent • Laurensberg • Soers • Haaren • Nirm • Verlautenheide • Aachen – ca. 30 km **66**

TOUR 7   Brennbare Erde
Zu alten Zechen im Wurmtal
Aachen • Haaren • Wurmtal • Straß • Pannesheide • Bank • Kohlscheid • Berensberg • Aachen – ca. 30 km **78**

TOUR 8 **Zwischen Feldbiss und Sandgewand**
Durchs ehemalige Alsdorfer Revier
Würselen • Bardenberg • Alsdorf • Oidtweiler • Siersdorf • Baesweiler • Merkstein • Bardenberg – ca. 50 km **86**

TOUR 9 **Die dunklen Wälder Germaniens**
Im Wald zwischen Mulartshütte und Zweifall
Niederforstbach • Hahn • Venwegen • Mulartshütte • Zweifaller Schneise • Hasselbachtal • Zweifall • Sinziger Schneise • Kitzenhaus • Friesenrath • Kornelimünster • Driescher Hof – ca. 35 bis 50 km **100**

TOUR 10 **Auf Wegen des Forstmeisters Oster**
Durch den Aachener Stadtwald
Adamshäuschen • Pilgerweg • Mulleklenkes • Waldschenke • Osterweg • Lizenshäuschen • Waldstadion • Waldfriedhof • Beverbach • Zyklopensteine • Köpfchen • Hühnertal • Entenpfuhl – ca. 25 km **108**

TOUR 11 **Die Stille spüren**
Ins Erholungsgebiet Broichbachtal
Würselen • Weiden • Euchen • Broich • Alsdorf • Noppenberg • Herzogenrath • Ruif • Wefelen • Bardenberg • Kämpchen • Rumpen • Berensberg – ca. 35 km **118**

TOUR 12 **Über den Wolken...**
Zum Flugplatz Merzbrück
Aachen, Merowingerstraße • Würselen • Broichweiden • Merzbrück • Würselener Wald • Verlautenheide • Haaren • Aachen, Merowingerstraße – ca. 30 km **126**

INHALT

TOUR 13 Wovon die Menschen leben
Landwirtschaft in Aachens Nordwesten
Aachen • Vaalserquartier • Lemiers • Orsbach • Vetschau • Horbach • Fronrath • Haus Heyden • Hof Geucht • Kohlscheid • Richterich • Laurensberg • Seffent – ca. 40 km **134**

TOUR 14 Grün ist die Heide
Zur Brunssumer Heide
Orsbach • Bochholtz • Simpelveld • Imstenrade • Vrusschemig • Heerlerbaan • Meezenbroek • Schrieversheide • Nieuwenhagen • Schaesberg • Strijthagen • Kerkrade • Avantis • Horbach • Vetschau • Laurensberg • Seffent – ca. 60 km **146**

TOUR 15 Schlösser, die im Monde liegen...
Herrenhäuser zwischen Aachen und Geilenkirchen
Aachen, Westfriedhof • Soers • Richterich • Bank • Pannesheide • Kerkrade • Eijgelshoven • Rimburg • Palenberg • Geilenkirchen • Übach • Herzogenrath • Bardenberg • Berensberg • Soers • Seffent • Aachen, Westfriedhof – ca. 70 km **154**

TOUR 16 Immer rundherum
Rundkurs um Aachen
Westfriedhof • Köpfchen • Hitfeld • Eich • Kornelimünster • Brand • Eilendorf • Verlautenheide • Haaren • Berensberg • Richterich • Laurensberg • Seffent • Gut Melaten • Westfriedhof – ca. 50 km **172**

Vorwort

Radfahren ist schon eine tolle Sache!

Radfahren ist herrlich, wenn man kraftvoll, spurtstark und ausdauernd ruhige Pfade oder mühsam Anhöhen bewältigt.

Radfahren ist einzigartig, um Freizeit sportlich zu erleben oder eine Landschaft beschaulich zu genießen.

Dieses Buch wendet sich an diejenigen, die die Vorteile des Fahrrades nutzen, um mehr von der Landschaft zu bemerken als beim Steuern eines Autos, sich lange Wegstrecken (auch mit E-Bike/Pedelec) zu erleichtern, Sinn und Muße für Schönheiten zu entfalten, Zeit zu haben für ein Foto, ein behagliches Picknick, eine Einkehr oder vielleicht Neues aufzuspüren in Natur und Altes zur Geschichte.

Die Touren sind als Entdeckungsrouten gedacht; sie verlaufen vornehmlich in Aachen-Stadt, der Städteregion Aachen oder in der Euregio, wo man auf engstem Raum geologische Formationen vorfindet aus fast allen erdgeschichtlichen Perioden, durch tektonische Kräfte vielgestaltig strukturiert. Schon immer haben die Bewohner diese geografischen Gegebenheiten nach ihren Erkenntnissen und Fähigkeiten genutzt, also ihre Welt gestaltet und die unsrige mitbegründet.

Die Radstrecken haben einen Umfang von etwa 25 bis 70 km, Sie fahren häufig mit den wegweisenden Beschilderungen der Radwandersysteme. Bei einer Kfz-Anreise zum Startpunkt werden Parkmöglichkeiten benannt. Als Rundstrecken sind sie ein wenig auf die angesprochenen Themen gerichtet. Hinweise auf Reisemöglichkeiten mit der DB bzw. EUREGIOBAHN werden erwähnt.

So können Sie meist auf ruhigen, aber mitunter auch anstrengenden Wegen nebenbei Anregendes oder Wissenswertes aus Erd-, Landschafts- und Wirtschaftsgeschichte der angesprochenen Region um Aachen im wahrsten Sinne des Wortes „er"-fahren.

Der Beschreibung sind Verlaufs- und Wegeskizzen für einen ersten Überblick beigegeben. Es ist empfehlenswert, eine Karte mitzuführen, da manches Routenschild verdeckt, verschmutzt, beschädigt

VORWORT

oder in eine falsche Richtung weisen kann. Hier wurden folgende Radwanderkarten oder auch das Internet herangezogen:

- Radfahrer-Routenplan Aachen, Maßstab 1:20.000 und Zentrum 1:10.000, Meyer & Meyer Verlag
- Radwegekarte der Städteregion Aachen *(Unterwegs mit Pittchen Pedale)*, Maßstab 1:50.000, Meyer & Meyer Verlag
- Radwandern in der Freizeitregion Heinsberg, Maßstab 1:50.000; Bielefelder Verlag
- GRÜNMETROPOLE – Routen, Highlights, Tips, Info-Points – Maßstab 1:65.000; Kreis Aachen (D), Parkstad Limburg (NL), Westelijke Mijnstreek (NL), Toerisme Limburg (B)
- ADFC-Regionalkarte AACHEN Dreiländereck, Maßstab 1:75.000: Bielefelder Verlag
- Fietsen in Zuid-Limburg, Mergelland & Parkstad Limburg, Maßsstab 1:100.000; VVV Zuid-Limburg
- www.aachen.de/radfahren
- www.fahrrad-buecher-kraen.de
- www.groemetropool.eu / www.gruemetropole.eu
- www.maps.google.com
- www.earth.google.com
- www.radverkehrsnetz.nrw.de
- www.kreis-heinsberg.de
- www.vvvzuidlimburg.nl
- www.avv.de

Zu Ihren Unternehmungen wünschen wir Ihnen schönes Wetter, eine frohe Gemeinschaft, viel Freude und allzeit: „Gute Fahrt!"

Klaus Voß & Bruno Bousack

TOUR 1

TOUR 1

Mit dem Fahrrad über Meeresgrund
„Kalkroute" durchs Münsterländchen

Heute radeln Sie über den Grund eines vor ca. 300 Millionen Jahren entstandenen Meeres, das während etwa 70 Millionen Jahre in seinen Tiefen und Lagunen Schalentieren wunderbaren Lebensraum bot. Aus einem Gemenge von Salz- und Sedimentablagerungen sowie Hüllen von zum Beispiel Schnecken und Muscheln bildeten sich während Jahrmillionen bis zu 3.000 m mächtige Felslagen. Tektonische Ereignisse in der Erdkruste falteten, brachen oder verschoben diese Lagen, das Meer verschwand, andere Kräfte wirkten auf das Gestein, die man im Münsterländchen dann u. a. als Dolomit- und Blaustein vorfindet.

Beides nutzten hier schon die Römer beim Hausbau und als Packunterlage im Straßenbau, geeignet auch zur Fertigung besonders fester Bauelemente in Fensterstürzen und Türrahmungen, zur Schaffung von Bildwerken, wie Steinkreuzen oder Statuen. Gebrannt in Spezialöfen, dient(e) er als Grundlage für den Mörtel zum Errichten stabiler Steinbauwerke.

Obwohl kaum ein Industriezweig gänzlich ohne Kalk auskommt, scheint der Kalkabbau in Aachens engerer Umgebung rückläufig zu sein; nur sehr wenige Steinbrüche sind heute noch in Betrieb. Für die Aachener Region haben diese Schichten noch weitere Bedeutung. In zahlreichen Sprüngen und Rissen, die sich von Südwesten nach Nordosten ziehen, und solchen, die fast senkrecht dazu verlaufen, kann der Kalkstein in Zwischenräumen sehr viel Wasser speichern als Hauptstütze der Aachener Trinkwasserversorgung.

Jene Spalten ließen aber auch metallhaltige Dämpfe oder Lösungen aus der Tiefe aufsteigen, Gänge und Nester von Blei-, Zink- und Kupfererz entstanden durch Kontakt mit und an den Gesteinsschichten. Auch Eisenerz konzentriert sich häufig an jenen Verwerfungslinien. Solche Erze bildeten schon früh die Basis für das blühende Metallgewerbe im Aachener Raum, jene Kalksteinschichten könnten als Grundstein der Aachener Kulturlandschaft angesehen werden; noch immer strömen Thermallösungen aus solchen Klüften – die Aachener und Burtscheider Quellen.

Zu Zeugen (früheren) Kalkabbaus und Kalkbrennens führt diese Route durch das Münsterländchen. Über zumeist ruhige Straßen oder Wirtschaftswege werden Sie durch grünes Wiesenland und schmucke Dörfer geleitet, wo noch manch schönes, altes Haus aus eben jenen Kalksteinen zu bewundern ist.

> **Folgende Orte werden angesteuert:**
> Lintert • Niederforstbach • Krauthausen • Dorff • Breinig • Venwegen • Hahn • Friesenrath • Sief • Lichtenbusch
>
> **Streckenlänge:** ca. 35 km

Starten Sie Ihre Tour vom **Parkplatz** des Aachener **Waldfriedhofs**, Monschauer Straße. Über seine Ausfahrt radeln Sie nach **links** aufwärts in den **Wildparkweg** und nun bis kurz vor sein Ende am Forsthaus Schöntal.

Ein Schild „**AC-Kornelimünster/Forster Linde**" des Radwegeverkehrsnetzes NRW weist Sie nach **rechts** auf einen Waldweg und hinab zur Brücke über den Beverbach. Danach steigt der Weg an bis zu einem Querweg, dem Sie kurz nach **links** folgen bis an den verkehrsreichen **Kornelimünsterweg**. Der Beschilderung „**AC-Eilendorf/Forster Linde**" folgen Sie **gegenüber** in den **Lintertweg**, der am Friedhof Lintert einen Rechtsknick macht und am Ende an der Josefskapelle vorbei in die **Lintertstraße** mündet.

Auf dem gegenüberliegenden Fußweg *(Radfahrer frei)* rollen Sie **links** hinab, bis **rechts** die Straße **Grauenhofer Weg** beginnt. Hier **biegen** Sie **ab**, es geht aufwärts bis zur links beginnenden **Bebauung** mit **älteren** Häusern und einem von **rechts** mündenden **Waldweg**.

Diesen **Punkt** könn(t)en Sie **alternativ ohne** Autoverkehr ansteuern, wenn Sie von der Lintertstraße nach etwa **250 m** nach **rechts** in den ersten schmalen Waldweg hinabradeln. Nach **Queren** des **Hitfelder Bachs** geht es im Wald wieder **bergauf** und zum **Grauenhofer Weg**. Dort halten Sie nach **rechts**.

TOUR 1

Diesen **durchfahren** Sie, kommen an der Königsberger Straße des Siedlungsgebiets *Driescher Hof* und kurz vor der Autobahnbrücke links am *Gut Grauenhof* vorbei. Auf der **Münsterstraße** im Ortsteil **Brand** geht es weiter, links Wohnanlagen, rechts Wiesen mit Fernblick in Richtung Eifel.

> Bald erreichen Sie die Bebauung von Niederforstbach. Beachtenswert sind die denkmalgeschützten, sehr alten Bauernhäuser aus Bruchsteinen und teilweise noch mit Fachwerk. Fast am Ende der Straße erinnert rechts die 1756 wegen der vielen Erdstöße (ca. 100) errichtete Kapelle daran, dass auch in geschichtlicher Zeit in der Erde noch mächtige Kräfte wirken.

Die Münsterstraße führt Sie in einen **Kreisverkehr**, den Sie auf dem **Radweg** der **zweiten Ausfahrt** nach **halb links** (daneben Gedenkkreuz von 1908) auf den **Vennbahnradweg** verlassen.

> Auf diesem Fuß- und Radweg der ehemaligen Vennbahntrasse sollten Sie genüsslich hinabrollen. Nach rechts ermöglichen Lücken im Gebüsch einige prächtige Blicke in die Wiesen- und Heckenlandschaft des Münsterländchens; einfühlsam haben damals Ingenieure der Vennbahn die Trassenführung über den Rollefbach konstruiert. Diese Brücke bietet wunderschöne Ausblicke über eine herrliche Landschaft.

Brücke über den Rollefbach

Bald haben Sie einen die Trasse **kreuzenden** Wirtschaftsweg, **Lufter Weg**, erreicht. Hier schwenken Sie **links** mit starkem Gefälle[1]

---

[1] Vorsicht! Im unteren Wegabschnitt sind erhebliche Straßenschäden.

hinunter. So gelangen Sie auf die **B 258** und radeln auf dem Radweg knapp **300 m** nach **links**. An einer **Bushaltestelle** zweigt **gegenüber** die Straße, **K 13**, nach Stolberg und **Krauthausen** ab. Vorsichtig fahren Sie hinüber und rollen nun bis zur Inde hinab.

> Da liegt in den Wiesen zu Ihrer Rechten die Bilstermühle, eine Galmei-, später Textilmühle, die schon auf einer Karte aus dem 17. Jh. verzeichnet ist.
>
> Oberhalb der Mühle liegt rechts das Naturschutzgebiet Klauser Wäldchen, das Sie einmal vom malerischen Marktplatz in Kornelimünster her durchwandern sollten. Durch prächtigen Buchenwald fließt in vielerlei Windungen die Inde. Tolle Felsformationen zeigen sich. Auf einem Naturlehrpfad gibt es vielfältige Infos.
>
> Klauser Wald
>
> Und hier an der Straße liegt das 1984/85 restaurierte technische Baudenkmal des Kalkofens an der Bilstermühle, gleich dahinter die Münsterkull, die schon im 17. Jh. ausgebeutet wurde und mit verschiedenen Unterbrechungen bis in die 50er Jahre des 20. Jh. in Betrieb war. Anschauungstafeln bieten gründliche Information.

Ihre Tour führt Sie aus dem Indetal weiter aufwärts und an einem weiteren, etwas jüngeren Kalkofen vorbei, der seinen Rohstoff aus einem Steinbruch dahinter erhielt. Die **Bilstermühler Straße** führt Sie direkt nach **Krauthausen** hinein.

> Gleich vorne links liegt der Zehnthof, früher ein der Reichsabtei Kornelimünster abgabepflichtiges, großes ländliches Anwesen, heute zu einem schmucken Wohnbau restauriert. Der Wohntrakt zeigt die im 15./16. Jh. übliche Bauweise: im Erdgeschoss Bruch-

TOUR 1

> steine, das Obergeschoss aus Fachwerk. Aufmerksame Beobachter finden noch mehrere alte Häuser entlang der Dorfstraße, z. B. Nr. 15, das aus dem 16. Jh. stammen soll.

Am Ortsende macht die **Krauthausener Straße** einen **Rechtsbogen**. Kurz dahinter führt nach links der nicht asphaltierte **Fuchskauler Weg** auf einen Steinbruch zu. Zwischen Wirtschaftsgebäuden geht es nach **rechts** weiter, gelbe Warnschilder weisen auf Sprengzeiten im Steinbruch hin. Bald sollten Sie hier Ihr Rad schieben, so kann man vom schmaler werdenden Weg auf mächtige Blausteinschichten und Dolomitlagen herabblicken, die als ehemals eben liegender Meeresboden durch gewaltige Erdkräfte zu steiler Lagerung emporgehoben wurden.

Steinbruch

Als Feld- bzw. Wiesenrandweg gelangen Sie bald an eine **Kreuzung** und biegen **rechts** ab auf die Straße **Fuchskaul**. Am Ende sind Sie wieder an der Krauthausener Straße (K 13) und fahren nach **links** in den Ort **Dorff** hinein. **Geradeaus** stoßen Sie auf die **Pfarrer-Gau-Straße** (K 14), **durchfahren** dabei Dorff auf **Breinig** zu.

Dort, auf dem **Zehntweg**, überqueren Sie in Breinig an der Ampel die **L 12** und radeln in die **Stockemer Straße**.

> An ihrem Ende steht links der uralte Hof Stockem, einst ein abteiliches Ritterlehen mit Wassergraben und dreigeschossigem Wohn- und Wehrturm. Maueranker im Südflügel bezeugen das Jahr 1719; im Kern ist das Anwesen noch älter. Eine Urkunde von 1502 erwähnt es schon.

Alt-Breinig

Hier schwenken Sie nach **links** in die Straße **Alt-Breinig** (K 14).

> Wenn auch die ersten Häuser alles andere als alt sind, so befinden Sie sich doch auf der ältesten Straße in Breinig. Rechts und links stehen – wie in einem Freilichtmuseum – gediegen restaurierte, uralte Häuser in einer solchen dörflichen Geschlossenheit, dass man die ganze Straße unter Denkmalschutz gestellt hat. Manche von ihnen sind fast 300 Jahre alt. Alle sind aus heimischem Bruchstein errichtet; sie ersetzen zum großen Teil vormalige Fachwerkbauten. Die hoch aufragende Kirche St. Barbara ist neueren Datums. Sie wurde 1852-1858 erbaut anstelle einer Kapelle aus dem Jahre 1731.

Noch an der Kirche vorbei zweigt **rechts** für Sie die Straße **Schomet** ab. Sie fahren bald durch Wiesen auf ein rechts liegendes, kleines Wäldchen zu. Es bedeckt den ehemaligen Steinbruch Schomet, aus dem die Steine für den Hausbau in Alt-Breinig stammen. Schmale Wanderwege führen hindurch, die alte Anlage ist total überwachsen.

Nicht unmittelbar **hinter** dem Wäldchen, sondern in den **folgenden Weg rechts** fahren Sie durch Wiesen bis in die **Ulmstraße** nach **Venwegen**. Sie **queren** die **Vennstraße** (L 12), befahren den **Heinrich-Hamacher-Weg** bis zum Ortsende, bis an eine unbenannte **Querstraße**, die Sie nach **links** befahren bis zur nächsten **Kreuzung**.

> Urkundlich erwähnt wird Venwegen schon im frühen 14. Jh.; es gehörte zum Gebiet der Reichsabtei Kornelimünster und lag

TOUR 1

> an einem sehr alten Weg ins Venn. – Es gibt noch eine beinahe geschlossene Bebauung mit alten Bruchsteinhäusern, manche ducken sich sehr schmal dazwischen.

Kurz vor der Kreuzung liegt links der **Friedhof**. Sie biegen **rechts** ab in den **Brigidaweg** und fahren durch eine offene Landschaft, an einem alten Steinbruch vorbei ins malerisch gelegene Dorf **Hahn**, das schon im 13. Jh. erwähnt wird. Über die gewundene **Dorfstraße** mit ihren schönen, alten Bruchsteinhäusern gelangen Sie zur **Kirche** und ins Tal der Inde. Hier wenden Sie sich in der **Hahner Straße** nach **links** und radeln vor einer Linkskurve zunächst **über** die **Inde** noch etwa **500 m** weiter **durch** Hahn. In **Höhe** einer **Bushaltestelle**, hinter einem Brückensteg über den Bach, führt Sie ein Weg nach **halb links** neben der Inde in ein Buschgelände, dort wieder ans **andere Ufer** und nach etwa **350 m** an einen alten **Kalkofen**.

Sie bleiben zunächst auf dem **Weg** neben der **Inde**, der später von **ihr wegführt** in ein riesiges, noch in den 50er Jahren des 20. Jhs. bewirtschaftetes **Steinbruchgebiet** und an drei alten Kalköfen vorbei zu einem **Parkplatz**[2], wo Sie **links** fahren.

Ehemaliger Steinbruch

> Heute ist das ein wohl einmaliges Freizeitgelände im Grünen, mit Grillhütte und vielen Spielgeräten versehen. Es ist ein einladendes Areal. Spaziergänger können eine ruhige Runde drehen, die an ehemaligen Kalköfen vorbei und an steilen Felspartien oder am fast trocken gefallenen Silbersee entlangführt.

---

[2] Hier gibt es Schautafeln mit detaillierten Informationen zur Erdgeschichte und zur Kalkindustrie.

An der Kioskhütte entlangfahrend, gelangen Sie auf einem malerischen Weg unter jungen Bäumen auf den **Pannekokweg**, der Sie **rechts** hinunter nach **Friesenrath** bringt. Radeln Sie nach **links** auf dem **Friesenrather Weg** durch den Ort bis an die viel befahrene **Schleidener Straße** (B 258). Ziehen Sie nach **links** hinauf; der **Radweg** ist auf der anderen Straßenseite. Weiter oben gelangen Sie zum **Gut Kalkhäuschen**.

> Es hat seinen Namen nach einem Häuschen, das ein findiger Kalkofenbetreiber aus Sief hier errichten ließ. Seinen dort gelagerten Kalk verkaufte er nun an die aus der Eifel kommenden Bauern und Bauleute, die sich den Umweg nach Sief ersparen konnten; so war er der Konkurrenz eine Nasenlänge voraus.

Sie aber fahren weiter **Richtung Sief**, hier nun **rechts** hinab auf den **Radweg** der verkehrsreichen **Monschauer Straße** (L 233), im Tal über die Inde, danach **bergauf** und über die Vennbahntrasse wieder bergab zur beampelten **Kreuzung**. Als **Linksabbieger** radeln Sie bis zur **nächsten Straße**, der **Wilbankstraße**, wo Sie nach **links** fahren bis zu den Häusern. Sie liegen an der links einmündenden Straße, auch **Wilbankstraße** genannt.

Alternativ können Sie diese **Position** auch über eine autofreie **Waldstrecke** erreichen: Wie zuvor fahren Sie von der **B 258** nach **rechts** hinab auf den **Radweg** der verkehrsreichen **L 233**, im Tal über die Inde, danach **bergauf** – **aber** nur bis zum **Beginn** einer langen **Rechtskurve**, wo **von rechts** her der **Schmithofer Weg** die L 233 **kreuzt**. Hier folgen Sie dem Weg links **in den Wald** hinein bis zu einem **links** stehenden großen **Findling**, „Schmithofer Weg". Der Waldweg **rechts** führt hinab über das **Gleis** der

TOUR 1

Im Umfeld von Aachen-Sief

ehemaligen Vennbahn und im weiteren Verlauf zu den **Häusern der Wilbankstraße.**

Sie **setzen** Ihre Tour auf der Wilbankstraße fort, die bald **rechtsschwenkend** weiter **bergauf** führt. **Oben** macht sie einen **Linksknick**; dort steht rechts im Schatten eines Buschs eine **Ruhebank** mit herrlichen Fernblicken. Übrigens: Ehemalige Steinbrüche liegen hier mitunter versteckt in der Vegetation.

An der **Einmündung** des **Pfeiferweges** radeln Sie **rechts**, es geht jetzt auch **bergab** und an der alten Schule nach **links** in die **Raerener Straße** hinab und **über** den **Iterbach** hinweg. Wenige Meter bergan und Ihre Strecke führt **rechts** ab in den **Baumgartsweg**, wo Sie bald den Brandenfelder Hof erreichen und den Wohnturm von Burg und Kloster Brandenburg.

> **Brandenberg**
>
> Die Anlage geht als Burg, wahrscheinlich ein Wehrturm, bis auf das 14. Jh. zurück. 100 Jahre später wurde sie zur Wasserburg umgebaut. Ein späterer Besitzer stiftete das Anwesen als Kreuzherrenkloster und ließ auch die Kapelle errichten. Das Kloster wurde aber 200 Jahre später wieder aufgelöst und seitdem ist das Anwesen bei mehrfachem Besitzerwechsel in privater Nutzung.

Auf diesem Weg müssen Sie **links** und **bergan** weiter, erreichen aber bald die **Kinkebahn**[3], eine West-Ost-Verbindung, von der man annimmt, dass sie in vorgeschichtlicher Zeit als Fernverbindung gedient hat und von den Römern ausgebaut wurde. **Links** geht Ihre Strecke und Sie stoßen wieder auf die **Raerener Straße**, der Sie nun nach **rechts** bis **Lichtenbusch** folgen.

> Dort verläuft die Grenze zwischen dem Königreich Belgien und der Bundesrepublik Deutschland; sie hat in der bösen Zeit gleich nach dem Krieg so manches Schmuggelstückchen erlebt.

Verlassen Sie an der **Kreuzung** Raafstraße (D) und Lichtenbuscher Straße (B) die Raerener Straße nach **halb links** in die **Pleistraße**. Nun durchradeln Sie in Belgien eine Wohnsiedlung, ein Wiesengelände bis zur **Hebscheider Heide**, wo Sie **rechts** abbiegen, die **Autobahn** (A 3/E 40) überqueren und am **Kreisverkehr** nach **rechts** parallel zur Autobahn **hinausfahren. Horster Park** heißt jetzt die Straße, die an den alten Grenzabfertigungsanlagen entlang auf die sogenannte *grüne Grenze* Belgien/Deutschland in einem Gebüsch zuläuft.

Leckerbissen

Wieder in Deutschland, befinden Sie sich auf der Straße **Grüne Eiche**. Ihr folgen Sie, Gut Hebscheid und Schellartshof liegen am Weg. Nach einer **Rechtskurve** gelangen Sie bergab schnell an die **Monschauer Straße** (L 233) und benutzen den Radweg nach **links** in Richtung **Aachen**. Schon bald haben Sie wieder den **Waldfriedhof erreicht**.

Frohe Fahrt!

---

[3] Hier befindet sich der „1. Aachener Milchautomat – selber zapfen – jeden Tag frische Milch"; www.milchautomat-aachen.de.

TOUR 1

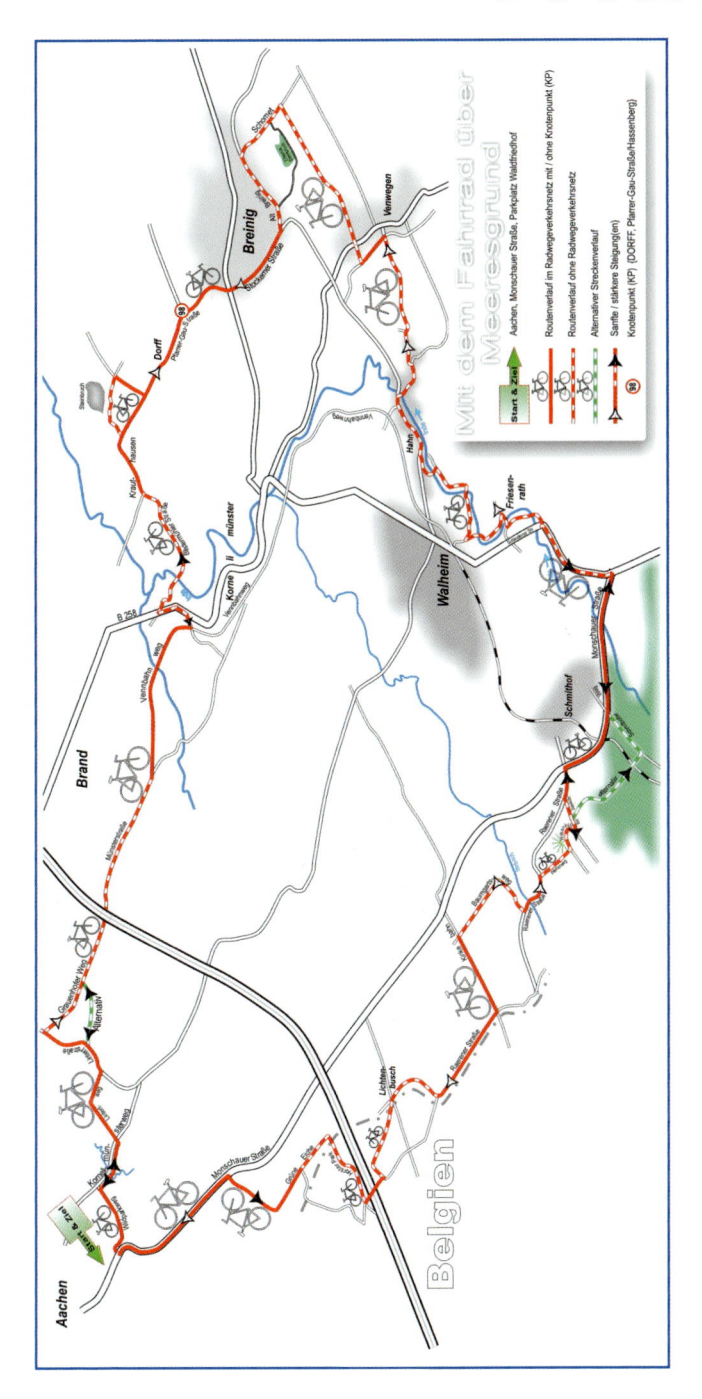

TOUR 2

TOUR 2

Von Hütte zu Hütte
Ehemalige Eisenwerke an der Vicht

Hier gibt es keine Hochgebirgstour(en) zu Hütten über Gletscher, Grate und Geröll, sondern es geht vielmehr zu Eisenhütten in unserem Umfeld. Sie hat es mehr gegeben, als die Namen noch erkennen lassen, deutlicher bei Schevenhütte und Mulartshütte, für den Hof Eisenhütte bei Walheim oder die Marienhütte bei Sief. Auch Namen wie Schmidt in der nahen Eifel und Schmithof im Aachener Süden zeugen von früherer Eisenverarbeitung. Die Gemarkungsnamen mit den Silben „-werk" bzw. „-hammer" deuten allgemein auf Eisenwerke bzw. auf Metallverarbeitung hin.

Man vermutet, dass schon die Kelten gegen 700 v. Chr. in unserer Gegend kleine Mengen Eisen aus Erzen erschmolzen und verarbeitet haben. Ganz sicher taten dies die Römer; möglicherweise haben sie die Werke der keltogermanischen Urbevölkerung genutzt und erweitert. Im frühen Mittelalter betrieb man Eisenerzverhüttung an den Berghängen in kleinen Rennöfen, in denen der Hangwind das Holzkohlenfeuer auf die nötige Temperatur brachte.

Ab dem 13. Jh. zogen die Eisenschmelzer in die Täler und nutzten die Wasserkraft der Bäche. Wasserräder trieben die Wippen zur Erzwäsche an, die Gebläse für Schmelzöfen, die Blasebälge für das Frischfeuer und die Hammerschmiede, natürlich auch die Schmiedehämmer und das Pochwerk. In Letzterem wurde die Schlacke zerstoßen, um die darin enthaltenen kleinen Eisentröpfchen zu gewinnen. Solch eine Anlage nannte man *Reitwerk* und seinen Besitzer *Reitmeister*. Zur Feuerung benötigte man Holzkohle, die Köhler in ihren Meilern aus dem Holz umliegender Wälder verarbeiteten. Durch Raubbau und Kahlschlag wurden Wälder so geschädigt, dass nur umfangreiche Aufforstungen seit Beginn des 19 Jh. die Eifel wieder zur Waldlandschaft machten.

Erz gewann man in flacheren Gebieten aus kleinen *Pingen* (trichterförmigen Löchern) im Tagebau. In bergigem Gelände grub man mühsam Stollen in die Hänge und trieb Querschläge. Erzlagerstätten und Hütten lagen meist nahe beieinander. Ausgezeichnete Bedingungen für die Eisengewinnung und -verarbeitung bot das Tal der Vicht, Grenzbach zwischen dem Gebiet der freien

Reichsabtei Kornelimünster und dem Territorium des Herzogtums Jülich. Die von steilen Hängen herabfließenden Bäche lieferten die Energie für die Wasserräder. Erz wurde in nächster Umgebung gefunden, beispielsweise im Solchbachtal. Der Wald lieferte die nötige Holzkohle. Einziger Nachteil war die schlechte Verkehrsanbindung, die schließlich den Ausschlag dafür gab, dass die wichtigste Familie für die Eisenverarbeitung an der Vicht, die Familie Hoesch, das Tal verließ und bei Düren einen Betrieb gründete, dann aber 1870 den Hauptsitz nach Dortmund verlegte. Erst 112 Jahre vorher war die St.-Anthony-Hütte als erste Eisenhütte des Ruhrgebiets in Betrieb gegangen. Die Hoesch AG ist dort durch unternehmerisches Geschick ziemlich schnell ein wichtiger Faktor der Stahlindustrie an der Ruhr geworden. Die Hoesch AG wurde 1991 durch eine feindliche Übernahme vom damaligen Kruppkonzern aufgekauft.

Die Eisenroute führt zu einzelnen Zeugen der Eisenverhüttung im Vichttal, berührt aber auch das Gebiet des Aachener Hüttenwerks, das gegen Ende des 19. Jh. Deutschlands größtes Thomasstahlwerk war.

So fahren Sie über:
Brand • Kornelimünster • Hahn • Venwegen • Zweifall • Vicht • Breinig • Dorff • Krauthausen • Brand • Eilendorf • Rothe Erde

Streckenlänge: ca. 45 km

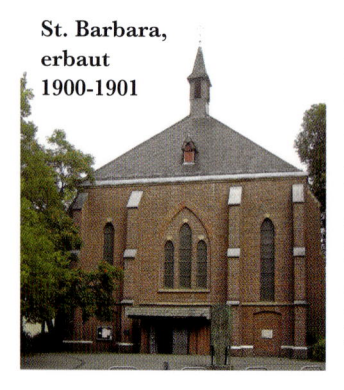

St. Barbara, erbaut 1900-1901

Beginnen Sie die Tour am **Parkplatz** des Friedhofs **Hüls** in der hiesigen **Wilmersdorfer Straße**; auf der **Charlottenburger Allee** fahren Sie **stadteinwärts** bis zum **Berliner Ring** mit **Radweg**. Als **Linksabbieger** geht es leicht bergauf weiter, dabei über die **Eisenbahnlinie** Aachen-Köln und **getrennt** von der Fahrbahn hinab zur **Barbarastraße**.

TOUR 2

Sie biegen **rechts** ab und erreichen neben der **Barbarakirche** die **Hüttenstraße**. Hier biegen Sie **rechts** ab.

Einzelne Häuser mit dunklen Backsteinen kann man noch entdecken, Ende des 19. Jh. vom Aachener Hüttenwerk erbaut. Der durch Aushub für die Werksanlagen angefallene Ton wurde in hütteneigener Ziegelei gebrannt. Der Kindergarten war zuerst Schule für alle Kinder des Bezirks. Auch die Kirche wurde aus Hüttenziegeln errichtet (1901). Da St. Barbara wegen ihres Martyriums auch Schutzpatronin der Hüttenleute ist, wurde die Kirche natürlich der heiligen Barbara geweiht.

Das Aachener Hüttenwerk wurde 1846 auf dem Gelände des Gutes Rothe Erde von Aachener Industriellen errichtet, erlebte zunächst Höhen und Tiefen, wechselte Anteilseigner und Firmennamen, bis es zuletzt als „Aachener Hütten-Aktien-Verein Rothe Erde" vor allem Thomasstahl herstellte und auch walzte. Als modernstes Werk Deutschlands in den 80er Jahren des 19. Jh. produzierte es von 1890 bis ca. 1910 mehr Walzstahl als jedes andere im Lande und beschäftigte bis zu 6.600 Arbeiter und Angestellte. Als nach dem Ersten Weltkrieg das Hüttenwerk als Reparationsleistung an Luxemburg fiel, wurde es im Jahre 1926 geschlossen und ließ die Arbeitslosenzahlen in Aachen sofort höher schnellen.

Auf dem zunächst brachliegenden Gelände siedelten sich später u. a. die Firmen Continental AG (früher Englebert) und die Philips GmbH an; beide Firmen haben ihre Standorte inzwischen aufgegeben.

Verwaltung (erbaut 1888-1914)

Nach einer Linkskurve **mündet** die Hüttenstraße neben dem ehemaligen Verwaltungsgebäude des Aachener Hütten-Aktien-Vereins in einem **Kreisverkehr**, den Sie in die **zweite Ausfahrt, Philipsstraße**, verlassen. In ihrem weiteren Verlauf stoßen Sie nach **Querung** eines **Eisenbahngleises** auf den **Vennbahn(rad)weg**. Fahren sie hier nach **links**.

Sie bleiben jetzt etwa **11 km** auf dieser ehemaligen Bahntrasse, bei sanfter Steigung gelangen Sie autofrei am Stadtrand nahe dem alten Bahnhof (jetzt Restaurant) in **Brand** an die **B 258**, Trierer Straße. Mit **Ampelhilfe** geht es **gegenüber** weiter; an einigen kommenden Straßenquerungen müssen Sie die Vorfahrt achten. Hinter Niederforstbach kommen Sie über eine hohe **Brücke** mit wunderbaren Ausblicken über das Tal des Rollefbachs. Etwa auf diesem Höhenniveau kommen Sie nach **Kornelimünster**; am Bahnhof, noch mit altem „Durchfahrtsignal", radeln Sie vorbei. Danach **überqueren** Sie nach **schräg links**, aber **vorsichtig**, die Straße **St. Gangolfsberg** in Trassenrichtung. Sozusagen über den Dächern von Kornelimünster geht es voran und erneut über eine sehr hohe **Brücke**, wo sich eine Pause zum Schauen anbietet: links am Indebach Kornelimünster – rechts Wiesental am Iterbach.

Sie fahren auf dem Vennbahnweg weiter, und bald bemerken Sie links neben Ihrer Fahrbahn ein hinzukommendes Eisenbahngleis, das Sie an einer **kleinen** Brücke **nicht** mehr nach **links** überfahren dürfen!

Nach **rechts hinab** verlassen Sie hier den Vennbahnweg auf der Straße **Knipp** und rollen **bergab** hinein nach **Hahn** zur **Hahner Straße**. Nach **links** gelangen Sie nach einer Brücke über die Inde zur **Kirche**. Da fängt **rechts** die **Dorfstraße** an, der Sie mit ihren Biegungen folgen über das **Ortsende** hinaus auf einem schönen Weg durch die Wiesen. So kommen Sie nach **Venwegen**. Am Friedhof entlang fahren Sie auf dem **Brigidaweg** Richtung **Kirche**, Sankt Brigida. Kurz **links** auf die **Vennstraße** abbiegen und gleich wieder **rechts** in die Straße **Zu den Maaren**. Ein ruhiger Verlauf endet an der Landstraße **Breinig-Zweifall**[4]. Jetzt müssen Sie **rechts** einbiegen.

---

[4] Nun können Sie die Route auf 30 km verkürzen, kommen dann allerdings nicht ins Vichttal. Biegen Sie hier nach links ab und fahren auf Breinig zu. Über die Straßen Entengasse, Wilhelm-Pitz-Straße und Im Steg kommen Sie zur Stefanstraße. Ab da radeln Sie, wie in den Abschnitten weiter hinten beschrieben.

TOUR 2

> Sie kommen am Weiler *Rochenhaus* vorbei. Seine Besonderheit ist die 1864 gebaute Kapelle in einem bäuerlichen Anwesen. Vormalige Besitzer wollten hier eine religiöse Stiftung einrichten, die aber später nicht zustande kam; das Kapellchen hatten sie aber schon gebaut. Ein Jahrhundert vorher betrieb man auf Rochenhaus eine Eisenschmelze.

Nun kommen Sie flott nach **Zweifall** hinunter. Gleich das **erste** Sträßchen **rechts**, **Auf dem Werk**, führt in den Ortsteil **Werk**, wo früher die Werkerhütte stand, von der es nichts mehr zu sehen gibt. Radeln Sie dann kurz **links** die **Werkstraße** hinab und dann gleich wieder **links** in die **Hellebendstraße** mit schönen, alten Häusern. Sie führt in die **Jägerhausstraße** bei der Kirche, in deren direkter Nachbarschaft bis 1646 die „Kirchenhütte" Eisen erschmolz.

Sie befahren die Jägerhausstraße kurz nach **links** und steuern sogleich **rechts** in die **Döllscheidter Straße**, dann schon wieder **links** in die **Apfelhofstraße** mit der evangelischen Kirche Zweifalls.

> Diese Kirche wurde schon 1684 eingeweiht. In Zweifall hatte sich schon 1575 eine bedeutende evangelische Gemeinde gebildet. Sehenswert ist auch der alte Friedhof; an seiner Umfassungsmauer liegt noch manch uralter Grabstein. Auch Namen von Reitmeisterfamilien können Sie entdecken: Cron, Hoesch, Kettenis.

Die Apfelhofstraße führt Sie weiter. Links in den Niederungen des Vichtbachs lag der *Alte Hammer*, der vermutlich schon vor 1300 existierte. An der **Gabelung** halten Sie sich nach **links** in den **Klapperweg**; der Name erinnert an das Klappern der Mühlräder, Eisenhämmer, Pochwerke.

> Sie befinden sich nun auf einem Teil des 1989 vom Eifelverein Zweifall eingerichteten Wanderweges „Vichttaler Eisenwerke", der gut und informativ beschildert ist.[5] – Links unten liegt der „Junkershammer"; auch sein Mühlenteich ist noch auszumachen. Mitte des 16. Jh. wird er urkundlich bereits genannt; seine große Bedeutung erlangte er knapp 100 Jahre später. Jeremias

---

[5] Dieser Wanderweg und noch 10 weitere sind ausführlich beschrieben und vorzüglich kommentiert in Mätschke, D. (1991). *Stolberger Wanderungen, Bd. 2: Im Naturpark Nordeifel.* Aachen.

> Hoesch II. (1610-1653) vereinigte hier die „Kirchenhütte", seine Hütte in Vicht („Stollenwerk") und die „Eisenschneidemühle" aus Stolberg zu einem einzigen, gut organisierten Betrieb, der schnell zur größten und bedeutendsten Hütte des Vichttals wurde. Man sieht, dass das Schlagwort der Betriebskonzentration, mit dem moderne Manager so gern operieren, gar nicht so neu ist.
>
> Weiter flussabwärts lag der „Klapperhammer", der vermutlich noch älter war als der „Junkershammer". Als in Letzterem das große Eisenwerk errichtet wurde, war der „Klapperhammer" bereits in eine Getreidemühle umgewandelt. Jeremias Hoesch III. kaufte 1680 die Mühle und wandelte sie wieder in einen Eisenhammer um; Korn wurde nebenbei auch gemahlen. Auch das ist heute verschwunden; nur noch Reste des Mühlenteichs und Andeutungen von Gräben weisen darauf hin.

Der schöne, aber schmale Weg **endet** an der **Jägersfahrt**; hier müssen Sie **links** hinunter und auf der **Landstraße** ein Stück nach **rechts**. Gut **500 m** weiter können Sie wieder zwei ehemalige Eisenwerke erblicken: den „Neuenhammer" und den „Platenhammer", der eigentlich „Plattenhammer" heißen müsste, weil auf ihm damals eiserne Platten und Bleche geschmiedet wurden.

> Teile solcher Platten wurden in einer Eisenschneidemühle zu feinen Streifen geschnitten, die das Rohmaterial bildeten, auf dem die Nagelschmiede in Heimarbeit für ihren Verleger das Endprodukt herstellten. Der „Platenhammer" wurde 1667 in Betrieb genommen durch Katharina Prym, die Witwe[6] von Jeremias Hoesch II. 1724/28 wurden der „Neuenhammer" und das angeschlossene Wohnhaus eingerichtet; er ist der Jüngste der Vichttaler Eisenhämmer. Er war auch als Letzter in Betrieb, als im frühen 19. Jh. die Zeit der Eisenverarbeitung im Tal der Vicht zu Ende ging. Im Hof sind zwei Frischöfen erhalten, in denen dem Roheisen überschüssiger Kohlenstoff entzogen und es so in Stahl oder Schmiedeeisen „gefrischt" wurde.

Auf der Landstraße, **L 238**, geht es nun weiter in Richtung **Vicht.** Am Ortseingang liegt die Gemarkung *Stollenwerk*, deutlich an Bergbau erinnernd. Am Wegweiser **Süssendell** fahren Sie **rechts**

---

[6] In Stolbergs Industriegeschichte tauchen die Namen einiger Familien immer wieder auf.

TOUR 2

in die **Fischbachstraße**, biegen später **links** in die Straße **Am Weiherchen** und darin **links** in die **Johannesstraße**, die sich bald zu einem ruhigen **Pfad** verengt, dabei parallel zur L 238 bleibend, später wieder die breitere Johannesstraße wird.

Sie endet an der **Leuwstraße**, die Sie **links** nur kurz hinunterfahren. Nach **rechts** biegen Sie ab in **Am Dörenberg**, ein ruhiger **Weg** parallel zur L 238, der in der Gemarkung **Nachtigällchen** an der **L 12** endet und die Sie nach links zur verkehrsreichen Kreuzung mit Ampelanlage bringt.

Hier müssen Sie geradeaus die stark ansteigende, verkehrsreiche Straße **Breiniger Berg** mit breitem Radweg hoch. Oben angekommen, biegen Sie zur **Rechten** in die Straße **Am Tomborn** ab, doch gleich wieder **rechts** in den Fahrweg **Rüst** ein. Nun kommen Sie zum Bahndamm der Strecke, die Stolberg mit der Eifel verbindet. Bei der **ersten Unterführung** fahren Sie **links** und folgen dem Weg, der neben einer Halde verläuft.

Johannesstraße - Fortführung als Pfad

Später liegt er neben der Bahntrasse und kommt in **Breinig** aus. Über die Straße **Am Wingertsberg** stoßen Sie auf die Straße **Schützheide**; bleiben Sie parallel zur Bahnlinie! In der **Stefanstraße** geht es dann weiter. Auf der Straße **Auf der Heide** radeln Sie **nur** kurz nach **rechts**, dann fahren Sie nach **rechts** in die **Weiherstraße** und vornean wieder **rechts** in die **Corneliastraße**.

Hinein in den Sonnenschein

Das Erzfeld *„Cornelia"* lag in der Schützheide im Norden Breinigs und erstreckte sich weit nach Westen und Osten. In vielen kleinen Gruben förderte man im Wesentlichen Eisenerze, die oft bis 35 m tief anstanden. Anfangs wurden sie in Eisenhütten der Umgebung erschmolzen. Mitte des 19. Jh. wurden die Gruben vereinigt, und der Abbau erfolgte in großem Stil. Nach 1871 waren hier über 300 Männer beschäftigt; sie förderten bis zu 100 Tonnen pro Tag. Die größte Menge davon verarbeitete ab 1846 das Hüttenwerk in Aachen-Rothe Erde.

Ziehen Sie dann **links** durch die **Barbarastraße**; Sankt Barbara ist die Schutzpatronin der Bergleute; die Pfarrkirche in Breinig ist ihr gewidmet. Dann gelangen Sie zur **Pfarrer-Gau-Straße**; rechts ab auf deren Radweg gelangen Sie nach **Dorff**. Radeln Sie durch den Ort und danach auch durch **Krauthausen** bis zur **rechts** einmündenden **Grachtstraße**.

Hier fahren Sie **rechts** Richtung Tal der Inde. Schon nach wenigen Metern biegen Sie ab nach **rechts** in den befestigten **Kommericher Weg**, der als Wanderweg durch Wiesen oberhalb des Indebachs zum Gebäudekomplex *Die Kommericher Mühle* führt.

TOUR 2

Diese Mühle wurde im 16./17. Jh. als Kupfermühle für Messingprodukte genutzt und ab 1769 als Walkmühle zur Herstellung von Wolltüchern. Ab dem 19. Jh. entstand eine kombinierte Walk- und Spinnereimühle[7].

Kommericher Mühle

An Kommerich vorbei kommen Sie dann zur Inde. Danach müssen Sie leider wieder **hinauf**. Kurz vor der Kläranlage zweigt **links** ein fester **Weg** (schon Schrouffstraße) ab, der etwas mühsam bergauf verläuft mit herrlichen Fernsichten und nach **Brand** in die **Schrouffstraße** führt. Sie halten die Richtung ein, **kreuzen** an der Ampelanlage die **Freunder Landstraße** in die **Eilendorfer Straße**.

Am östlichen Rand von Brand bleiben Sie etwa 1 km auf dieser Straße; in Höhe einiger Gewerbebetriebe fahren Sie **links** ab in die **Hermann-Löns-Straße** und von dort in die **erste Straße rechts**, die **Brander Heide**. Über die folgende Querstraße, **Nordstraße**, hinweg kommen Sie auf der Brander Heide zum **Vennbahnweg**.

Sie radeln hier **rechts** ab, bis die **Routenbeschilderung** „Eilendorf/Nirm" Sie nach **rechts**, zunächst durch Wiesen und dann in die **Kleebachstraße** nach **Eilendorf** leitet. Über die verkehrsreiche **Von-Coels-Straße** weist eine Ampel Sie sicher in die

---

[7] Ausführlicher können Sie sich auf einer großen Schautafel mit Fotos und Textbeiträgen informieren.

Marienstraße. Sie halten sich in der Folge an die **Wegzeichen** durch die **Moritz-Braun-Straße** und **Severinstraße**, von deren Ende Sie nach **links** in die **Nirmer Straße** fahren. Die enge **Untertunnelung** der Eisenbahnlinie Aachen-Köln wird von einer Ampel gesteuert.

Blüten am Wegesrand

Unmittelbar nach der Durchfahrt[8] halten Sie sich **halb links** und fahren über den **Nirmer Platz** zur **Kalkbergstraße**. Dort schwenken Sie **wenige Meter** nach **links** an den von **rechts** einmündenden **Nirmer Weg**. Auf diesem Weg radeln Sie durch Äcker in Richtung Haaren; noch **vor** der großen **Autobahnbrücke** über das Haarbachtal geht es **kurz** steiler **bergab**, wo nach **links** ein **Weg** als noch nicht beschilderte **Saurensgasse** abzweigt. Diese „Gasse" benutzen Sie bis zur Straße **Auf der Hüls**, wo Sie **links** weiterfahren, erneut unter der BAB A 544 hindurch, noch eine **Bahnlinie** (Werksverkehr) überqueren und bald in den **Kreisverkehr** an der **Charlottenburger Allee** einfahren, den Sie geradeaus verlassen und **links** zu den **Parkplätzen** der **Wilmersdorfer Straße** kommen.

Frohes Schauen!

---

[8] Nach halb rechts geht es in den Schuttenhofweg; im Haus Nr. 232 lag die ehemalige Fingerhutsmühle aus dem 18. Jh.

TOUR 2

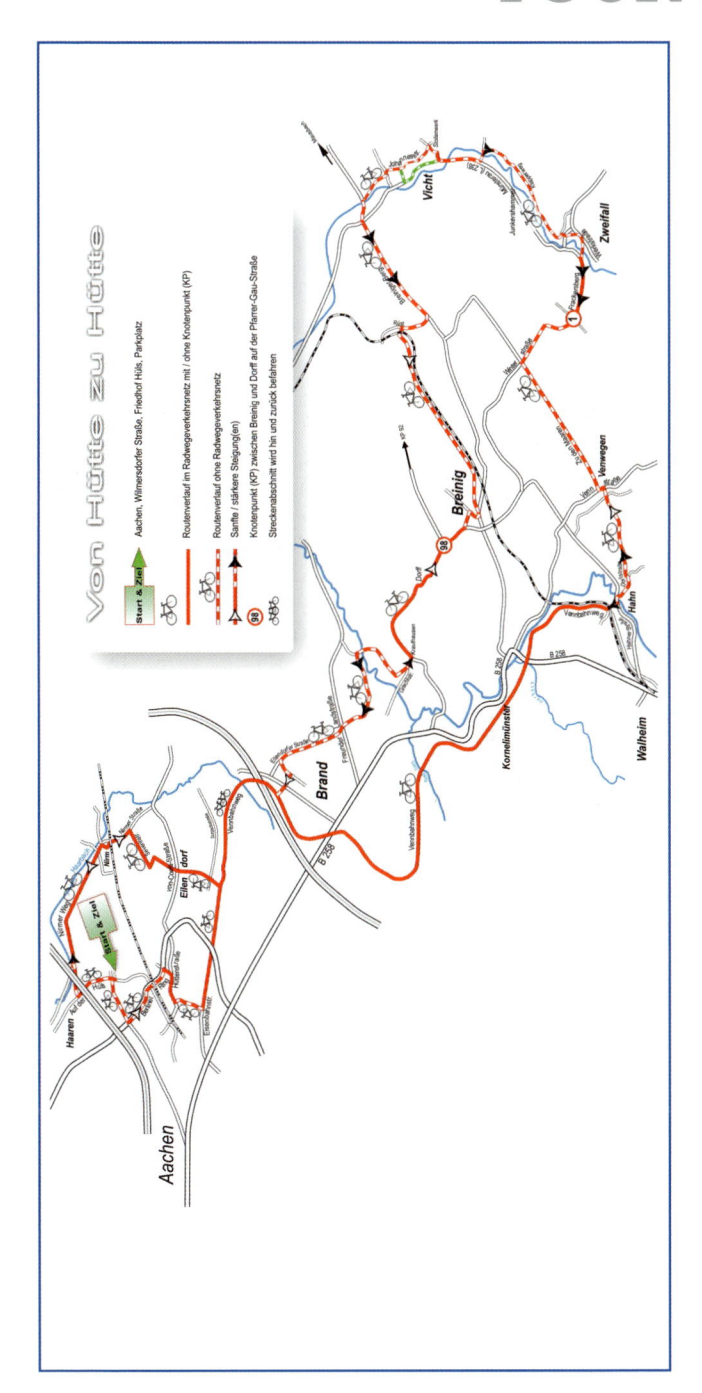

TOUR 3

TOUR 3

Schon die alten Römer …
Bleierz aus Büsbach, Gressenich und Breinig

…haben in unserer Gegend Eisen-, Blei-, Kupfererze und Galmei (ein Zinkerz) abgebaut, verhüttet und aus den Metallen Gebrauchsgegenstände gefertigt. Im Gebiet zwischen Gressenich und Mausbach lag damals das rheinische Zentrum der Messingfabrikation, das ganz Nordeuropa mit Erzeugnissen belieferte.

Schon vor den Römern wurde hier Erzbergbau betrieben, und zwar von Kelten, die um 700 v. Chr. in den Aachener Raum kamen. In der Nähe der ehemaligen Grube *Gute Hoffnung*, östlich von Hastenrath, wurde der gallische Stollen entdeckt, der zahlreiche kleine, mit Eichenstämmchen verschalte Schächte aufwies. Das gesamte Bleierz im Umkreis dieses Stollens ist damals abgebaut worden. Ähnliche Schächte fand man auf dem Brockenberg bei Stolberg, doch könnten diese eventuell auch römisch sein.

Blick vom Brockenberg

Nach dem Abzug der Römer aus dem Rheinland wurde es still um den Erzbergbau in der Voreifel. Im frühen Mittelalter gewann er wieder an Bedeutung und bildete dann eine wichtige Einnahmequelle für die Reichsabtei Kornelimünster.

Die Stadt Aachen bezog das Galmeierz für ihre Kupferhütten, die eigentlich Messing herstellten, im Wesentlichen aus Altenberg, heute Kelmis in Belgien.

> **Zu einigen Orten früheren Blei- und Galmeiabbaus und zur Stolberger Bleihütte führt die folgende Rundstrecke:**
>
> Brand • Krauthausen • Dorff • Büsbach • Stolberg • Diepenlinchen • Werth • Gressenich • Mausbach • Breinigerberg • Breinig • Kornelimünster • Aachen
>
> **Streckenlänge:** ca. 40 km

Starten Sie in **Aachen-Forst**, vom Parkstreifen der **Lintertstraße**, hinter der Einmündung **Schönforststraße**. Befahren Sie die Lintertstraße noch bis zur **Rechtskurve**, dort nach **links** in die **Schopenhauerstraße** und durch bis zur **Trierer Straße**, die Sie mit Ampelhilfe in die **Reinhardstraße** überqueren. In die **dritte** Straße **rechts**, **Sonnenscheinstraße**, führt Sie ein Zwischenwegweiser des Radroutennetzes. Sie radeln nun **über** die **Neuenhofstraße** hinweg und in die **Zieglerstraße** bis ans Ende. Dort geht **rechts** der **Geh-/Radweg** auf die ehemalige Vennbahntrasse, jetzt Vennbahnweg, ab. Sie bleiben so lange, bis die **Eckenerstraße** Ihren Weg kreuzt; hier müssen Sie **links** ab. Bald mündet die Eckenerstraße in die **Nordstraße**. Nun schlagen Sie einen Rechts-links-Haken, können dann ruhig die **Wagner-** und die **Kolpingstraße** durchradeln. Alsbald sind Sie an der **Freunder Landstraße**. Es geht **kurz rechts** ab und sofort wieder **links** die **Schrouffstraße** hinab. Nach einer Linkskurve rollen Sie **rechts** die **Grachtstraße** zur Inde hinunter; **jetzt** müssen Sie wieder **bergauf** und sind bald in **Krauthausen**.

Apfeljahr 2011

TOUR 3

Sie biegen **links** ab und benutzen die **Krauthausener Straße** bis **Dorff**. Im Ort fahren Sie geradeaus weiter auf der Pfarrer-Gau-Straße; hinter Dorff treffen Sie auf den **Knotenpunkt**[1] **98**. Ihr neues Ziel liegt **links** in Richtung **KP 92** auf der **Hassenberg** genannten Straße. Weite Fernsichten nach dem Kreuzen der K 22 sind möglich bis zum Aachener Wald. Nach **Gut Hassenberg** erreichen Sie in **Büsbach** die **Hostetstraße**. Sie fahren **rechts** auf dem kurzen, nicht asphaltierten Wegabschnitt und erreichen bald **links** die Straße **Brockenberg**.

> Umschau haltend, erkennt man links die Altstadtsilhouette und den Sendemast auf dem Donnerberg. Im Tal liegen die Industriebetriebe von Oberstolberg; im Hang gegenüber sieht man noch den ehemaligen Steinbruch des 1975 stillgelegten Kalkwerks *Bernhardshammer*. Zu Ihren Füßen erscheint Ödland als Hinterlassenschaft ehemaligen Blei- und Galmeiabbaus. Viele Jahrhunderte lang haben hier kleine Gruben Bleierz und Galmei sozusagen im Familienbetrieb abgebaut und bildeten damit das Fundament für die blühende Metallindustrie Stolbergs im 17. und 18. Jh. Auf einer Karte des Münsterländchens vom Jahre 1646 ist die *Rusterbleyhütte* deutlich verzeichnet. Zu Beginn des 19. Jh. erhielt die Gewerkschaft *Büsbacher Berg* die Konzession für das gesamte Gebiet (244 ha) von der Rüst (rechts unter Ihnen) über den Brockenberg und den Bauschenberg (etwas weiter links). Eine Förderung in großem Stil begann, etliche Schächte wurden abgeteuft und Stollen ins Gebirge vorgetrieben, die Hänge praktisch umgewühlt. Doch Mitte des 19. Jh. endete hier der Erzbergbau. Das vormalige, große Kalkwerk in der Rüst, rechts unterhalb, war ein Nachfolgebetrieb der Erzgruben. Viele kleine, bescheidene Zeugen des Blei- und Galmeiabbaus können Sie auf dem Boden entdecken: In der warmen Jahreszeit schimmern rahmgelb die Blüten des Galmeiveilchens. Zur Sicherung typischer Galmeiflora steht alles unter Naturschutz.

Sie müssen nun die gute Straße **hangabwärts** „hinabbrausen". Aber aufgepasst! Sie hat zwei enge Kurven. Dann sind Sie schon auf der Straße **Rüst**, die **links** nach **Unterfahren** der **Eifelbahn** auf den **Waldfriede** mündet, aber der Wald fehlt[2].

---

[1] Künftig KP genannt.
[2] Wenn Sie nun rechts, Richtung KP 92, abbiegen, von dort den nahen KP 93 ansteuern und dort Richtung KP 1 fahren, können Sie die Route um gut 10 km kürzen. Sie kommen zur Straße Breiniger Berg und müssen hier bergauf nach Breinig; weiter hinten steht, wie es dann weitergeht.

Wenn Sie sich nach **links** wenden, könnten Sie noch einen kurzen Abstecher an eine Unterführung nehmen.

> Dahinter umgibt Sie eine Haldenlandschaft aus Schlacken der Bleihütte. Abraum war kaum vermeidbar bei einem Werk, das rund 25 % der Bleiproduktion Westdeutschlands liefert. Die Werksleitung scheint sich ihrer Verantwortung für Mensch und Umwelt bewusst zu sein. Sie haben gewiss den hellen Turm inmitten der neuen Anlage bemerkt. Für stolze 100 Millionen DM wurde sie 1990 errichtet zur Abgasreinigung mithilfe flüssigen Sauerstoffs.
>
> Das war leider nicht immer so. Schon Anfang des 19. Jh. klagten Bürger und Rat bei Gerichten über stärkste Schädigungen durch das beim Rösten der Erze freiwerdende Schwefeldioxid, das die fünf damaligen Bleihütten einfach abrauchen ließen. Die Wälder verödeten, Obstbäume und Gartengewächse gingen ein, selbst die Wiesen bleichten aus. Menschen und Tiere litten unter mancherlei Beschwerden. Noch 1878 gingen täglich 86,5 Tonnen schweflige Säure in die Luft; d. h. fast 800 g im Jahr auf jeden einzelnen Quadratmeter. Die Regierung ordnete erst spät an, dass die Abgase über hohe Schornsteine abzuführen seien: der höchste war der „Lange Hein" mit 110 m. Wirkliche Abhilfe brachten erst verbesserte Röstöfen und ein Verfahren des Aachener Apothekers Hasenclever, welches das Schwefeldioxid zunächst in Schwefelsäure umwandelte zur Fabrikation weiterer wichtiger Produkte (z. B. Soda für die Glashütten). Für die Erzhütten gründete Hasenclever die „Waldmeisterhütte", später in die „Chemische Fabrik Rhenania" umbenannt, die heute aber nicht mehr existiert. Stolberg wurde zum Studienobjekt für Umweltforscher.

Wenden Sie sich bitte wieder zurück zu dem an der **Ecke** stehenden **Haus**; dem **gegenüber** führt ein **Pfad** in ein **Buschwerk**, auf einer **Brücke** über einen Bach und danach auf die **Zweifaller Straße**.

> Blicken Sie von dort nach links. Weiter hinten stehen Fabrikgebäude der Firma Prym, die u. a. Nadeln, Haken und Ösen, Reißverschlüsse und Druckknöpfe herstellt und vor vielen Jahren den Werbespruch hatte: „Jeder Mensch braucht jeden Tag irgendetwas von Prym." Der Spruch dürfte auch heute noch gelten.

TOUR 3

Fahren Sie nun wenige Meter nach **rechts**. Sie müssen sich **links** orientieren, die Straße **Bernhardshammer** führt zum Waldrand hin.

> Der *Bernhardshammer*, eine Kupferhütte, stand hier am rechten Ufer der Vicht. Das Flüsschen bildete von hier an wieder die Grenze zwischen der Reichsabtei Kornelimünster und dem Herzogtum Jülich. je nach Standort der Hämmer oder Mühlen galt unterschiedliches Recht.

Die **Derichsberger Straße** führt mitunter **heftiger** auf die **Höhe** und auch wieder in die Siedlung Diepenlinchen, wo auch das Erzfeld dieser Grube lag[3]. Auf dem ehemaligen Gelände gibt es heute andere Gewerbebetriebe.

Über die **Werther Straße** kommen Sie am **Weißenberg** vorbei, heute eine spärlich bebuschte Halde aus der Bergbauzeit. Heller Abraum wurde hier abgekippt; daher der Name. Wenn Sie nun rechts und links die Blicke schweifen lassen, entdecken Sie allenthalben Reste des Bergbaus.

> Auch die Grube *Diepenlinchen* ist aus der Zusammenlegung von vielen kleinen Bergwerken entstanden, die man als die Nachfolger des bedeutenden römischen Bergbaus ansehen kann, wenn auch dazwischen eine Pause von etlichen hundert Jahren gelegen haben wird. Als die Büsbacher Grube schloss, begann die „Stolberger Gesellschaft für Bergbau, Blei- und Zinkfabrikation" auf *Diepenlinchen* mit dem Abbau von Blei- und Zinkerz in großem Rahmen. 15 bis zu 180 m tiefe Schächte wurden abgeteuft und zahlreiche Stollen getrieben. Man beschäftigte zeitweilig mehr als 800 Arbeiter. Zink- und Bleihütten in Stolberg verarbeiteten das Erz zu Metall. Stolberg war eine Zeit lang der größte Bleiproduzent in Europa.
>
> Obwohl die Metallgewinnung im Ersten Weltkrieg wegen der enormen Bedeutung als Raubbau betrieben wurde, führte 1916 Kohlenmangel bei den Pumpen zum Zusammenbruch der Wasserhaltung und damit zum „Absaufen" zweier Sohlen. Drei Jahre später liefen die Gruben wegen eines intensiven Streiks voll und die Gesellschaft stellte den Betrieb ein. Einige Jahre darauf wurden die großen Schornsteine gesprengt, die Schächte verfüllt und alle Gebäude eingeebnet.

---

[3] Falls Sie hier die Diepenlinchener Straße rechts hinunterfahren, kommen Sie vom Markusplatz im Zentrum von Mausbach aus und können so die Tour um etwa 5 km abkürzen.

Von Werth her gesehen

Auf der **Mausbacher Straße** erreichen Sie **Werth**. Ein Einbahnstraßenschild zwingt dort den Verkehr, links abzubiegen. Sie **aber** radeln **rechts** auf dem festen Feldweg auf einen Kalksteinbruch zu, **müssen** davor nach **links** und an der Straße **Am Kaltenborn** wieder nach **rechts**. So gelangen Sie zunächst **bergab**, nach der Straße **Hitzberg** aber wieder **bergauf** nach **Gressenich**, wo nach links die **Römerstraße** beginnt.

> Den Römern war der Gressenicher Erzbergbau so wichtig, dass sie unter Kaiser Marc Aurel (161-180) von Jülich eine Straße hierher erbauten. Sie führte weiter über das Venn, Bitburg nach Trier. Eine andere Römerstraße verband Bavais (Nordfrankreich) mit Kornelimünster, Breinig, Mausbach, Gressenich, Düren und dem Rheingebiet.

Auf dieser „Urstraße" fahren Sie nun. Dazu biegen Sie **rechts** ab auf die Straße **Auf der Eiche**, längs der man Gräber, alte Erzgruben und Schlackenreste aus der Römerzeit gefunden hat. Sie radeln bald durch den hübschen Ortsteil **Mausbach** und brauchen nicht abzubiegen. Ein Radweg bringt Sie entlang der **L 12** hinab zur Kreuzung **Nachtigällchen**.

Gegenüber mühen Sie sich dann den **Breiniger Berg** hoch. Zur Linken entdecken Sie das Wasserwerk Nachtigällchen, das u. a. Stollen eines Erzbergwerks zur Trinkwassergewinnung nutzt. Bald erkennen Sie die Ortschaft Breinigerberg. Links davor bemerken Sie einen schwach bewachsenen Hügel, den Schlangenberg.

TOUR 3

> Die Römer schürften hier auch Blei- und Zinkerze; später waren es dann die Breiniger Bauern. Man vermutet, dass die Orte Breinig und Breinigerberg ursprünglich als Bergarbeiterdörfer mit so kleinen bäuerlichen Parzellen angelegt worden sind, dass man zum Lebensunterhalt unbedingt einen Nebenerwerb haben musste, den Bergbau. Die Erze wurden dann wahrscheinlich in der *Derichsschlader Bleihütte* verarbeitet, die auch schon auf der alten Karte des Münsterländchens verzeichnet ist. Der Bergbau endete hier 1898.

Bald zweigt **links** die Straße **An der Hoheburg** ab, die Sie nun durchfahren mit Aussicht auf den Schlangenberg. Am Waldrand mit einem kleinen **Teich** fahren Sie **scharf rechts** und immer an Wiesen entlang. Nach etwa 1 km stoßen Sie auf die **Winterstraße**. Sie biegen **rechts** ab Richtung Breinig und sind bald im **ältesten** Teil dieses Orts, den man unter Denkmalschutz gestellt hat. Viele dieser Häuser stammen noch aus dem 16. Jh. Beachten Sie auch die geringe Breite der zugehörigen Grundstücke. Am Friedhof wird der Ort dann moderner. Schwenken Sie an der Kreuzung nach **rechts**, es geht am ehemaligen *Rittergut Stockem* (13. Jh.) vorbei und bis zur querenden Bahnlinie.

Vor der Bahn biegen Sie **links** in einen später nicht mehr asphaltierten Weg ein, der Sie parallel zur Bahn hinab an die **Venwegener Straße** bringt. Hier halten Sie sich **rechts**, fahren unter der Notbrücke hindurch und passieren einen Kalksteinbruch. Direkt gegenüber liegt im Tal der Inde die ehemalige Bleihütte Kornelimünster von 1571, die im ausgehenden Mittelalter große Bedeutung hatte; auch Reste der Mühlenteiche sind noch vorhanden. Am **Ende** der Venwegener Straße fahren Sie auf der **B 258** nach **rechts**, an der Straßengabelung **halb rechts** und dann geradeaus **über** die **Breiniger Straße** hinein in die **Korneliusstraße** und ins Zentrum Kornelimünsters (**Benediktinerplatz**). Den weiteren Routenverlauf finden Sie am Ende des Alternativvorschlags.

Alternativ könn(t)en Sie aufgemauerte Fundamente der gallorömischen Tempelanlage *Varnenum*[4] besuchen; dazu überqueren Sie die Bahnlinie und treffen bald auf eine Kreuzung mit Verkehrsampel. Auf die Straße **Auf dem Acker** (L 12) biegen Sie **links** ab. Nach etwa 1 km führt nach **rechts** ein Weg ins Wiesengelände; nach etwa 200 m entdecken Sie links die Ausgrabung.

---

[4] Umfangreiche Literatur finden Sie auch unter: http://de.wikipedia.org/wiki/Varnenum

Fundamente der Tempelanlage Varnenum

Wieder zurück, jetzt **Breiniger Straße**, fahren Sie auf der L 12 **knapp** 300 m nach **rechts**. Am Beginn der Gefällstrecke zweigt nach **halb rechts** die Straße **Schildchenweg** ab und auf dem Höhenniveau bleibend. Lenken Sie hinein und richten Ihre Aufmerksamkeit auch nach links, vor allem am Friedhof mit der Stephanskapelle, fantastische Fernblicke auf, über den Ort und in die Eifel.

Danach genießen Sie eine **Talfahrt**, auch nach **links** durch die **Dorffer Straße** und am Ende auf den **Benediktinerplatz**. Eine Pause hier lohnt sich immer – es ist alles sehenswert!

Über den **Korneliusmarkt** rollen Sie bis an und **über** die **Brücke** der Inde. Auf der **B 258**, **Napoleonsberg**, geht es **rechts** weiter, immer steiler bergauf bis zur **Verkehrsampel**, hier **links** weiter auf dem **Steinkaulplatz** und noch bergan, den Vennbahnweg **unterquerend**. Danach fahren Sie **rechts** in die **Oberforstbacher Straße**. Am Bahnhof aber geht es für Sie am alten Bahnhofsgebäude **entlang** und dahinter nach **rechts** auf die ehemalige **Bahntrasse**.

Jene benutzen Sie nun und radeln gemächlich an Kornelimünster vorbei bis **Niederforstbach**. Schräg gegenüber, durch einen Kreisverkehr, setzt sich dieser prachtvolle Weg fort. Es sind noch etwa 2 km, bis Sie in der Nähe eines Sportplatzes auf die **Rombachstraße** stoßen. Hier biegen Sie links ab, radeln, **routengeleitet**, an einem Schulkomplex und an Tennisanlagen in die **Herderstraße** und auf die Autobahn zu. Unter ihr hindurch gelangen Sie an die **Stettiner Straße**, wo Sie **rechts** abbiegen. Nur wenige Meter weiter werden Sie nach **links** in einen gemeinsamen **Geh-** und **Radweg** auf die **Danziger Straße** geführt, nach **rechts** über den **Parkplatz** und dann nach **links** an die **Königsberger Straße**.

Nun schlagen Sie einen **Links-rechts-Haken** und kommen auf der **Sittarder Straße** bequem wieder in Forst zur **Schopenhauerstraße** und **Lintertstraße**.

Viel Freude beim Schauen und Fahren!

TOUR 3

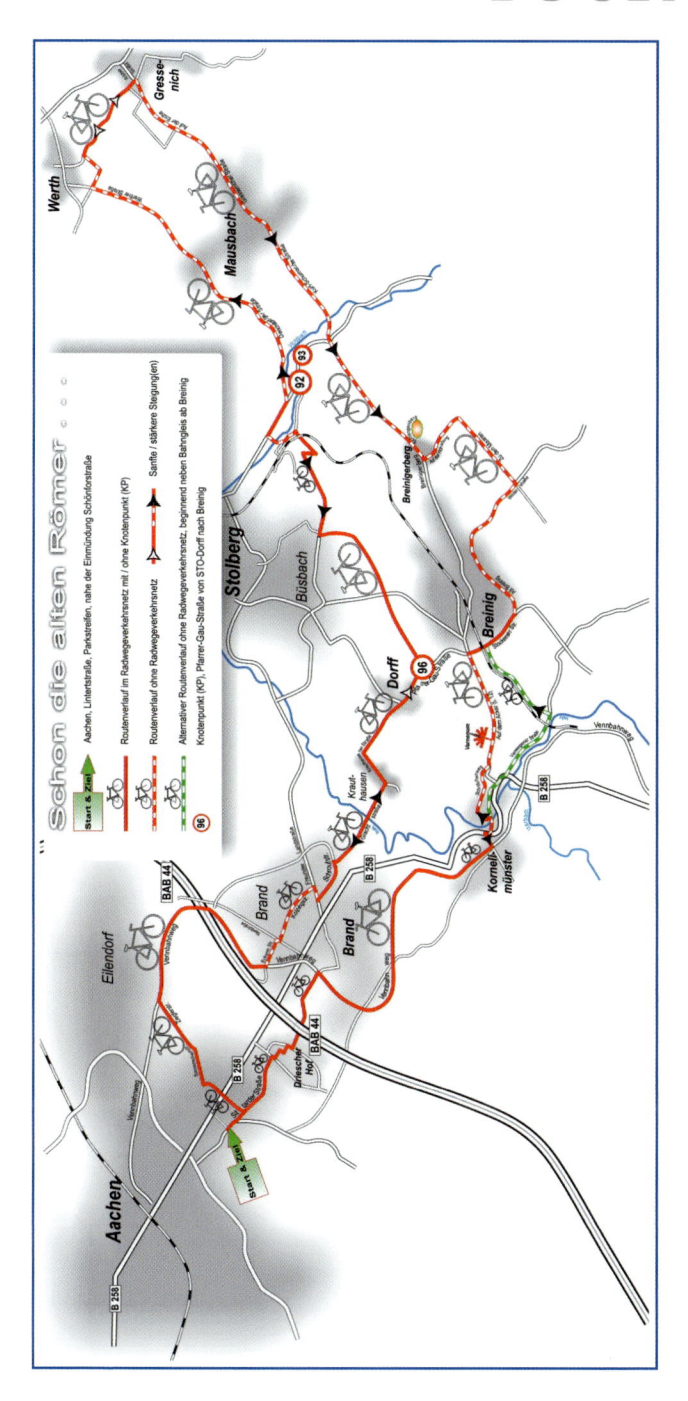

Schön die alten Römer

43

TOUR 4

TOUR 4

Aus der Kaiserstadt in die Kupferstadt
Zu den Kupferhöfen in Stolberg

Die Kupfermeister früherer Jahrhunderte produzierten Messing aus einer Legierung von Kupfer und Galmei, einem Gemisch verschiedenster karbonatischer und silikatischer Zinkerze. Als Verwitterungsprodukt der Zinkblende, eines Zinksulfids, kommt es bis zu etwa 200 m unter der Erdoberfläche vor, zum Beispiel in Höhlungen und Gängen des Kalksteins in körniger Struktur mit gelblicher bis rotbrauner Färbung. Dem Endprodukt verleiht es goldenen Glanz. Das schätzten auch schon die Römer.

Spätestens im frühen Mittelalter nutzte man aber auch die anderen Eigenschaften des Galmeis, um Messing herzustellen. Diese Zusammensetzung ersparte wegen seines niedrigeren Schmelzpunkts als Kupfer große Mengen Holz; später verwendete man Steinkohlen als Brennmaterial. Diese Legierung verbesserte auch den Gießvorgang, war gut verarbeitbar mit dem Platten- bzw. Tiefhammer oder beim Walzen und ist auch heute vielseitig verwendbar.

Der Schmelzprozess erforderte möglichst hochwertigen Galmei. Solches Erz fand man im Gebiet von Altenberg, heute Kelmis (der Ortsname stammt vom Erznamen), weniger gutes in Breinig, Büsbach, Eilendorf, Gressenich, Stolberg und am Herrenberg in Verlautenheide. Von Altenberg gingen viele Wagenladungen nach Dinant an der Maas, andere nach Lüttich und etliche nach Aachen.

Dinant war vor der Zerstörung durch Philipp den Guten von Burgund im Jahre 1466 das Zentrum der Kupfer- und Messingindustrie in Europa. Diese Waren erhielten sogar den Namen *Dinanderies*. – Die Statue Karls des Großen für den Marktbrunnen wurde 1622 in Dinant gegossen, das Becken 1620 von Aachener Meistern hergestellt.

Vor Philipp flüchteten Kupfermeister aus Dinant vielfach nach Aachen, wo schon 1450 Daniel van der Kammen (aus dem Maasgebiet) und Konrad Düppengießer eine Kupferschlägerzunft gegründet hatten. Hier lag der Galmeiberg in der Nähe, auch die

Lieferwege für das Kupfer aus Mansfeld (Bezirk Halle) oder gar aus Norwegen erschienen kürzer. In Aachen wurde sogar Wasserkraft für den Produktionsprozess genutzt. Mühlen pulverisierten das Erz, brachen Kupferbarren, Messingschrott und Wasserräder bewegten die Blasebälge für die Feuerung und trieben vor allem die Hämmer zur Bearbeitung der Platten und Gefäße (später auch Maschinen zum Drahtziehen) an, was die Produktivität so steigerte, dass die Aachener Kupfermeister ihre Marktanteile in wenigen Jahren ausbauen konnten. Ihre Monopolstellung für Produktion und Vertrieb von Messingwaren und Galmei hielt für etwa 150 Jahre. Bis zu 1.500 Tonnen Messingwaren pro Jahr wurden in mehr als 120 Öfen in Aachen erzeugt und verkauft. – Das große Haus in der Pontstraße (heute Zeitungsmuseum), – 1495 vom Handelsherrn Heinrich Dollart erbaut, der auch ab 1497 einen Kupferhammer in Stolberg betrieb, – fungierte unter Kaufmann Schetz aus Antwerpen, der auch Anteile am Altenberg besaß, zeitweise als die Galmeibörse Europas.

Zum Niedergang führten die Religionswirren an der Wende des 16. zum 17. Jh. Die Mehrzahl der Kupfermeister wurde 1614 aus der Reichsstadt vertrieben. Sie zogen in religiös tolerantere Territorien der Reichsabtei Kornelimünster oder des Herzogs von Jülich. Im Raum Stolberg bildete der Vichtbach die Grenze zwischen beiden Ländern, die Vertriebenen fanden ideale Bedingungen vor. Galmei lag direkt vor der Haustür, musste nur mit Altenberger Galmei verschnitten werden. Kalk als Flussmittel, Betriebsstoffe wie Holz oder Kohle waren reichlich vorhanden und die verfügbare Wasserkraft bedeutend größer. Wichtiger noch: Keine Zunftordnung setzte unternehmerischer Expansion Grenzen. Die Kupfermeister konnten dort mehr als 120 Jahre vor der Aufhebung der Kleinstaaten und ihrer Verordnungen von der handwerklichen Fertigung zu industrieller Produktion übergehen.

Die Stolberger Kupfermeister und die des Münsterländchens überflügelten bald die Aachener Zunft. Sie waren vom frühen 17. Jh. bis weit ins 18. Jh. hinein führend in der Welt. 1726 brannten in Stolberg 200 Kupferöfen, welche jährlich die stolze Menge von 3.000 Tonnen Galmei verbrauchten, also rund 4.500 Tonnen Messing erzeugten. Von der wirtschaftlichen Bedeutung der Kupfermeister, ihrer politischen Kraft, ihrem Ansehen und ihrem Wohlstand zeugen noch heute die ansehnlichen Kupferhöfe in Stolberg.

TOUR 4

Diese Blütezeit dauerte natürlich nicht ewig. Mit der Wende zum 19. Jh. zeichnete sich der Niedergang deutlich ab. Beigetragen haben dazu u. a. aufkommende Konkurrenz im industrialisierten England, Erschöpfung der Galmeivorkommen im direkten Umfeld, die Einführung der Dampfmaschine, aber vor allem die Entdeckung der Zinkverhüttung aus Zinkblende. So war man nicht mehr nur auf Galmei angewiesen und konnte Messing z. B. an den Kupferlagerstätten kostengünstiger erzeugen.

Manche der Kupfermeisterfamilien stellten ihre Betriebe um. Mathias van Asten richtete bereits 1719 im rückwärtigen Teil des Kupferhofs Schart Stolbergs erste Tuchfabrik ein. Familie Schleicher verlegte sich rechtzeitig auf die Gewinnung von metallischem Zink; es entstand 1819 Stolbergs erste Zinkhütte.

Heinrich August Prym blieb dem Messing treu und gründete einen mechanisierten Betrieb zur Herstellung von Kurzwaren. Prymsche Stecknadeln, Sicherheitsnadeln, Druckknöpfe und später auch Reißverschlüsse erlangten Weltruf. Georg Victor Lynen blieb beim Kupfer, erkannte die neue Zeit und produzierte weitblickend Kupferkabel für die aufkommende Elektrizitätswirtschaft.

Zu Zeugen jener Blütezeit der Kupferstadt Stolberg soll diese Tour führen. Dabei geht es durch Teile der Innenstadt, aber ziemlich steile Bergstrecken sind in der Altstadt[1] nicht zu vermeiden.

Ihr Verlauf in Stichworten:
Rothe Erde • Brand • Büsbach • Stolberg • Eilendorf

Streckenlänge: ca. 30 km

Beginnen Sie die Fahrt bei den Parkmöglichkeiten des Aachener **Friedhofs Hüls** an der **Wilmersdorfer Straße**, und zwar Richtung **Kreisverkehr** der **Charlottenburger Allee**, die Sie hier nach

---

[1] Sie sollten unbedingt einmal zu Fuß die Kupferstadt erkunden. Interessante Hinweise dazu finden Sie in Mätschke, D. (1991). *Stolberger Wanderungen, Bd. 1. Durch die Kupferstadt.* Aachen.

links bis zum **Berliner Ring** befahren. Dort nutzen Sie den **Radweg** nach **links**, dabei gibt es eine leichte Steigung über die **Bahnlinie** Aachen-Köln; danach führt der Radweg neben den Fahrbahnen **hinab** zur **Barbarastraße**.

Sie biegen **rechts** ab, kommen an der **Barbarakirche** entlang zur **Hüttenstraße**, in Sie nach **rechts** abbiegen und bis vor das **Hauptgebäude** des ehemaligen **Aachener Hütten-Aktien-Vereins** von 1888 fahren. Den **Kreisverkehr** verlassen Sie in die **zweiten Ausfahrt**, also in die **Philipsstraße,** und am **Eisenbahnweg** biegen Sie **links** ab. Der Radweg, schon **Vennbahnweg**, bringt Sie auf ruhigem Weg sanft ansteigend Richtung Brand. Nachdem Sie die **Autobahn** A 44 **überquert** haben, verlassen Sie den Vennbahnweg in die **erste** Straße **links**, Brander Heide (ohne Straßennamensschild). Dann geht es **über** die **Nordstraße** hinweg weiter zur **Hermann-Löns-Straße**, in die Sie **nach links** abbiegen.

An der **Eilendorfer Straße** biegen Sie **rechts** ab und erreichen nach etwa **1 km** die **Freunder Landstraße**. Diese müssen Sie dann nach **links** befahren; bald gibt es einen **Radweg**, der zum **Hinuntersausen** bis ins **Tal** einlädt.

Nach **rechts** folgen Sie der **Obersteinstraße** Richtung Stolberg-Büsbach, von oben grüßt der 50 m hohe Turm von Sankt Hubertus.

Kupferhof Schart, um 1800

TOUR 4

Dorthin müssen Sie, es geht nicht nur immer bergauf! An der Kirche fahren Sie noch ein kleines Stück auf der Hostetstraße geradeaus in Richtung Breinig und schwenken mit dieser Straße dann **links**, die mit zum ältesten Teil Büsbachs gehört. An dem **dreieckigen** Platz fahren Sie geradeaus in den **Hohenkreuzweg**. Bald sind Sie an einer **Kreuzung**: Rechts ist die Straße Brockenberg, geradeaus und auch links die Straße **Bauschenberg**. An beiden Bergen wurde Galmei gewonnen. Sie fahren aber nun **links** die Straße hinab.

An der nächsten **Kreuzung** radeln Sie **rechts** die **Finkensteinstraße** hinunter. An deren Ende liegt rechts die bekannte Firma Prym, und links liegen die Dalli-Werke. Ordnen Sie sich **links** ein; routengeführt müssen Sie die verkehrsreiche **Zweifaller Straße** Richtung **Knotenpunkt**[2] 91 benutzen. An der nächsten **Abzweigung rechts** schwenken Sie in die Straße **In der Schart**[3]. Da liegt rechts der Kupferhof Schart, den Ende des 16. Jh. Leonard Sschleicher für seine Söhne erbauen ließ. Ziehen Sie **schräg gegenüber** dem Hof weiter; über den **Offermannplatz** und einen **Tordurchgang** kommen Sie in die **Burgstraße**, die Sie **rechts** hinauf müssen.

Etwas oberhalb liegt rechts das älteste Steinhaus Stolbergs, erbaut 1575 vom Kupfermeister Leonhard Schleicher als sein Wohnhaus. Es geht noch höher hinauf; jeder Besucher Stolbergs muss auch die Burg gesehen haben.

Wenn Sie wollen, steigen Sie vorher rechts die schmale Finkenberggasse hoch. Hinter mächtigen Kastanien liegt die Finkenbergkirche, erbaut 1725 von Tilmann Roland, ausschließlich für die Reformierte Gemeinde. Vom Vorplatz aus erreicht man über Treppen zur Linken den Zugang zum Kupfermeisterfriedhof, so genannt wegen der beeindruckenden Grabstätten Stolberger Kupfermeisterfamilien. Das Entziffern der Grabsteine macht viel Mühe. – Die bekanntesten Familien seien hier aufgezählt: van Asten, Beck, de Buirette, Hoesch, Lynen, Mewis, Momma, Peltzer, Prym, Schardineeel, Schleicher. – Genießen Sie auch den Blick auf Altstadt und Burg.

---

[2] Künftig **KP** genannt.
[3] Stellen Sie Ihr Rad für den Altstadtrundgang am besten schon am Parkplatz „In der Schart" ab; es „drohen" etwa 50 Stufen auf älteren Treppen und andere steile Abschnitte. Die spätere Weiterfahrt ist auch günstiger von hier aus.

Evangelische Kirche Finkenberg von 1725

Zurück in der Burgstraße, geht es hier weiter **hinauf**. Bald biegen Sie **links rückwärts** ab zur Pfarrkirche Sankt Lucia, entstanden aus der Burgkapelle. Halten Sie dann auf die **Burg** zu.

Der Tordurchgang zum Heimat- und Handwerksmuseum nimmt Sie auf und dahinter geleitet Sie ein eindrucksvoller Weg halb um den mächtigen Burgfelsen herum bis vor den Eingang der wuchtigen Anlage. Sie geht zurück auf einen Wehrhof derer van Stalburg, der 1118 erstmals erwähnt wird. Eine neue und bedeutend größere und wehrfähigere Anlage errichtete im 15. Jh. Wilhelm von Nesselrode als Herr der Unterherrschaft Stolberg und Lehnsmann des Herzogs von Jülich. Spätere Herren (ab 1449) über Stolberg waren die Herren von Efferen, die in ihrem Bestreben um möglichst große Selbstständigkeit Bemühungen zur Stärkung der Wirtschaftskraft in ihrem kleinen Territorium wirksam unterstützten und förderten. Ende des 19. Jh. ging die stark zerfallene Burg in den Besitz des Fabrikanten Moritz Kraus über, der sie ein wenig zu sehr romantisierend „restaurierte". 1909 schenkte er sie der Stadt Stolberg. Letztere besserte in den vergangenen Jahren die Kriegsschäden gründlich aus und führte auch manchen romantischen Zierrat auf die ursprüngliche Form zurück.

Burg mit Kirche Sankt Lucia

TOUR 4

Sollten Sie Ihr Rad mitgeführt haben, kommen Sie **links** von der Burg nun durch die Straße **Katzhecke** auf die **Bergstraße**, von der Sie beim Krankenhaus **links** in die **Steinfeldstraße** abbiegen und unten auf die **Rathausstraße** stoßen. Diesen **Punkt** erreichen die Radler vom Ort der abgestellten Räder **über** den **KP 91** hinaus in Richtung **KP 87**.

Rechts liegt an der Bergstraße ein Friedhof, bald erblicken Sie links an der Ecke das Bethlehem-Krankenhaus. Schon im 16. Jh. stand hier ein Kupferhof, den im 17. Jh. Matheis Peltzer kaufte und den seine Söhne stark vergrößerten. Das Krankenhaus begann sein Wirken im Jahre 1867.

Ein Kupferhof des 18. Jh. war in gewisser Hinsicht schon eine kleine Fabrik. Während in davor liegender Zeit die Arbeiten im kleinen Handwerksbetrieb oder in Heimarbeit durchgeführt wurden, geschah die Messingverarbeitung zentral im Kupferhof. Er bestand aus dem oft repräsentativen Wohnhaus des Kupfermeisters, dem Lagertrakt für Rohstoffe, Fertigwaren und Fuhrwerke sowie dem Arbeitstrakt, der die Schmelzöfen, Hämmer und Drahtziehmühlen umfasste. Die Arbeiter kamen aus den umliegenden Dörfern hierher; sie schliefen zum Teil sogar im Kupferhof.

Weiter abwärts liegt links der Kupferhof Grünenthal. Der Kern des Gebäudes geht auf das Jahr 1703 zurück. 1889 nahmen hier die Dalli-Werke Mäurer & Wirtz die Produktion auf; ein Vierteljahrhundert später zogen sie zur Zweifaller Straße. Seit 1946 beherbergt der Kupferhof die pharmazeutische Fabrik Grünenthal Chemie, die seit einigen Jahren auch in Aachen produziert.

Grünenthal

Die Rathausstraße befahren Sie nun nach **rechts**. Hinter der nächsten Einmündung taucht links in einem kleinen Park der *Kupferhof Rosenthal* auf.

Kupferhof Rosenthal

Die repräsentative Anlage wurde 1724 von Tilmann Roland aus Kornelimünster für den Kupfermeister Johannes Schleicher errichtet. Sie spiegelt von allen erhaltenen Höfen wohl am deutlichsten wider, welche gesellschaftliche Stellung und wirtschaftlichen Möglichkeiten die Kupfermeister zu ihrer Blütezeit hatten.

Radeln Sie nun die Rathausstraße weiter, rechts liegt **Bastins Weiher**, an dem einst der älteste Kupferhof Stolbergs, die Ellermühle, stand. Nun gelangen Sie über die **Salmstraße** zum **Mühlener Markt** (links), hinten rechts mit der *Roderburgmühle*, einer Galmeimühle, die von mehreren Kupfermeistern genutzt wurde. Auf der Salmstraße weiter zur **Linken** biegen Sie ein in die Straße **Auf der Mühle**, wo rechts der *Kupferhof Stöck* von 1727 liegt. Ein farbiger Wappenstein der Familien Peltzer-Prym fällt auf. Am Ende stoßen Sie auf die **Europastraße**, die Sie nach **rechts** befahren. Links der Straße liegt der ehemalige *Kupferhof Weide* (18. Jh.).

Kupferhof Stöck

TOUR 4

An der kurz darauf folgenden **Kreuzung** halten Sie sich **links** und fahren in die **Eisenbahnstraße** ein.

> Dort liegt links der Unterste Hof, der viele Jahre dem Messinggewerbe treu geblieben war. 1612 wurde er als Kupferhof erbaut und ist seit 1728 im Besitz der Familie Schleicher, die das Messingwerk weiterführte. Das Werk ist inzwischen stillgelegt. Stolz kündet ein metallener Schriftzug an einer Werkshalle noch vom ältesten Messingwerk der Welt.

Ältestes Messingwerk der Welt

Radeln Sie die Eisenbahnstraße hindurch zum **KP 87**. Der liegt jenseits der Inde und der Vegla (Vereinigte Glaswerke), die als Einzige der 14 Glashütten des 19. Jh. alle Wirtschaftsschwankungen überstehen und sogar deutlich expandieren konnte. Hier schwenken Sie **rechts** in die **Rhenaniastraße** ein.

> Sie erinnert an die chemische Fabrik *Rhenania*[4]. Etwa 200 m weiter rechts befindet sich ein Zugang zum Berthold-Wolff-Park. Er liegt auf dem Gelände der ehemaligen Atscher Mühle, die schon im frühen Mittelalter existierte. Auch sie wurde als Kupferhütte eingerichtet, die später von Matthias Schleicher in das erste Walzwerk im Stolberger Raum umgebaut wurde. Im Park sind zwei der Öfen restauriert, auch der Mühlenteich ist weiter vorne noch erkennbar.

Restaurierte Schmelzöfen (um 1800) im Berthold-Wolff-Park

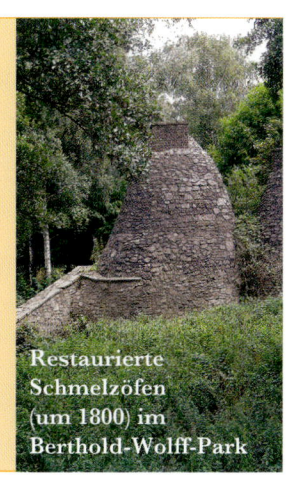

[4] Vergleichen Sie dazu das Kapitel „Schon die alten Römer . . ."

Sie müssen nun wieder **zurück** zum KP 87. Gegenüber beginnt die **Hammstraße**, die Sie für Ihre Weiterfahrt nutzen; dabei folgen Sie der Zieltafel AC-Brand, 8,0 km. Bei einer Ausschilderung zum Sportplatz weist Sie ein (älterer) Zwischenwegweiser nach **halb links** in ein waldiges Gebiet. Dieser Weg bleibt etwa parallel zum Indelauf und trifft auf die L 221, links liegt die *Buschmühle*, früher eine Kupfermühle. Nach **rechts** fahren Sie, mühen sich auf dem Radweg die **Eilendorfer Straße** empor. Weiter oben ist der **links** liegende Gehweg für Radfahrer freigegeben; fahren Sie später **links** in den schmalen, ruhigen Weg, **Deltourserb**, neben den Häusern ein.

Hier können Sie gemütlich bergab radeln und über die Autobahn, am Querweg nach **rechts** und kommen nach dem **Linkshaken** bis an die **Freunder Straße**. Dort geht es hinüber in die **Schlackstraße**, Sie bleiben auf dieser Straße, hinter dem Haarbach geht es noch ein wenig bergauf und hinter einer leichten Rechtskurve müssen Sie in die **dritte Straße** nach **rechts** Richtung **Eilendorf** abbiegen.

Es ist die **Kleebachstraße** (hier noch ohne Namensschild), die Sie zur **Von-Coels-Straße** führt, die Sie mit Ampelhilfe geradeaus auf der Route nach **Nirm** leitet. Nun radeln Sie an der links liegenden Severinskirche vorbei und nach **rechts** durch die **Severinstraße** weiter.

An der **Nirmer Straße** fahren Sie **links**, es geht bergab und durch eine ampelgesteuerte **Eisenbahnuntertunnelung** auf den **Nirmer Platz** in Nirm. Die Beschilderung auf der **Kalkbergstraße** zeigt Ihnen mit einem **Links-rechts-Knick**, dass Sie auf dem **Nirmer Weg** Richtung **Haaren** weiterkommen. **Vor** der großen **Autobahnbrücke** über den Haarbach und Nirmer Weg fahren Sie am **Ende** eines kurzen **Gefälles** nach **links** in einen ruhigen, befestigten **Weg** (Saurensgasse ohne Namensschild) und auch unter der Brücke dahin.

Sie treffen auf die Straße **Auf der Hüls**, biegen **links** ab, unterfahren erneut die Autobahn und kommen nach dem Bahnübergang zum **Kreisverkehr**, den Sie über die **zweite Ausfahrt** verlassen und nach **links** die **Wilmersdorfer Straße** mit Ihrem Ausgangspunkt erkennen.

Frohes Schauen!

TOUR 4

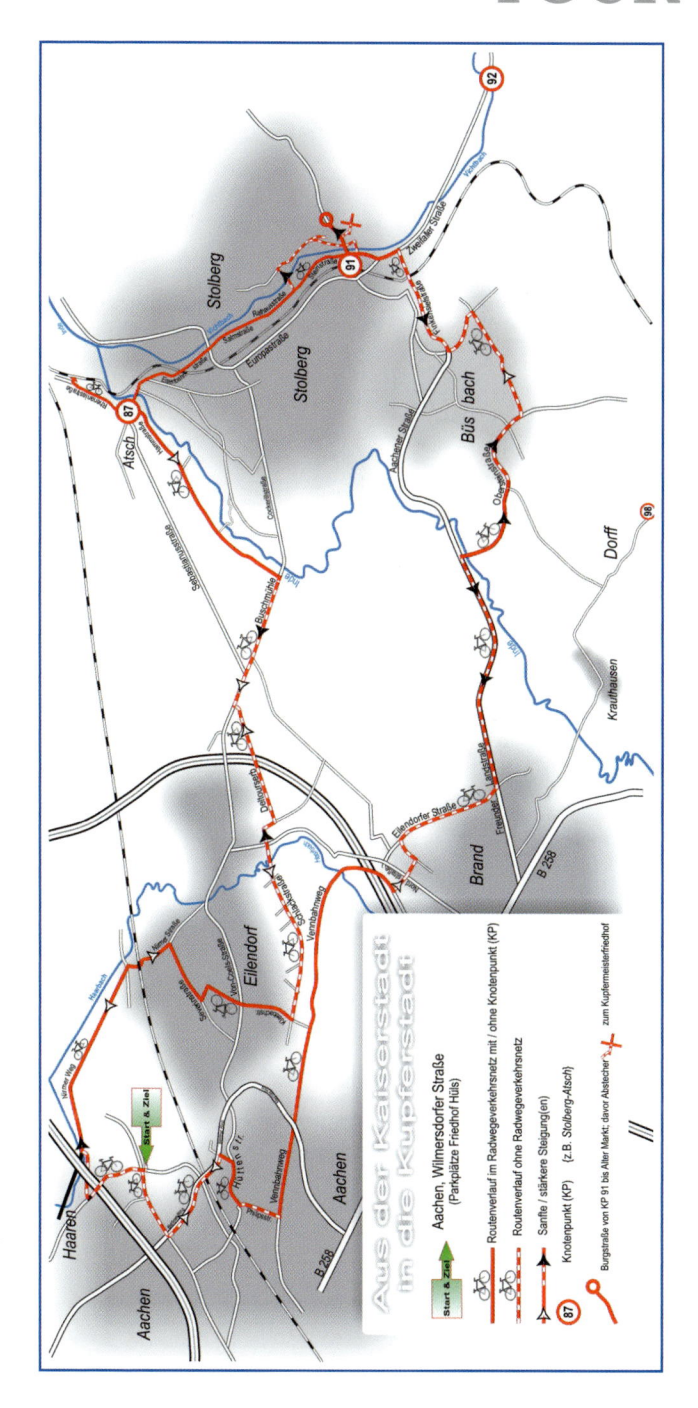

Aus der Kaiserstadt in die Kupferstadt

Aachen, Wilmersdorfer Straße
(Parkplätze Friedhof Hüls)

Routenverlauf im Radwegeverkehrsnetz mit / ohne Knotenpunkt (KP)
Routenverlauf ohne Radwegeverkehrsnetz
Sanfte / stärkere Steigung(en)
Knotenpunkt (KP) (z.B. Stolberg-Atsch)
Burgstraße von KP 91 bis Alter Markt; davor Abstecher zum Kupfermeisterfriedhof

Start & Ziel

55

TOUR 5

TOUR 5

Kraftwerke des Mittelalters
Ehemalige Mühlen im Indetal

Kraftwerke? – Im Mittelalter, als elektrische Energie noch gänzlich unbekannt war? – Trotzdem! In grauer Vorzeit kannte man außer menschlicher oder tierischer Muskelkraft keine anderen Energieformen. Da war es schon eine ganz besondere Leistung menschlichen Erfindergeistes, dass man die Kraft des Windes oder des fließenden Wassers zu nutzen lernte.

Heron von Alexandria (zweite Hälfte des 1. Jh. n. Chr.) scheint in der Alten Welt erstmals Windenergie genutzt zu haben. Er betrieb die Windlade einer Orgel mithilfe eines Windrades; aber erst nach den Kreuzzügen tauchten Windmühlen und ähnliche Maschinen im westlichen Europa auf. Vom 15. Jh. an erschienen vielfaltige und interessante Abwandlungen des ewig gleichen Prinzips.

Wasserräder wurden in der Geschichte etwa 300 Jahre früher genannt. Philon von Byzanz (3. Jh. v. Chr.) erwähnte um 230 v. Chr. ein solches, um eine Schöpfeimerkette zu betreiben. Als Antrieb einer Getreidemühle tauchte ein Wasserrad vermutlich erstmalig um 88 v. Chr. in Kleinasien auf [1]. Der viel gereiste römische Architekt Vitruv (~84 v. Chr.- ~27 n. Chr.) beschrieb im 1. Jh. v. Chr. eine Kornmühle mit Wasserradantrieb. Die Römer brachten die Kenntnis der Mühlen über die Alpen bis nach Britannien und Germanien. Sie scheinen im ganzen römischen Reich in Gebrauch gewesen zu sein, vermutlich aber nicht besonders häufig. – Im Raum Aachen sind zur Römerzeit Mühlen nicht nachweisbar.

Weitere Verbreitung fanden Wassermühlen in der Frankenzeit. Karl der Große (768-814) ließ sie vor allem bei den Königshöfen anlegen; und so wird für die Pfalz in Aachen eine derartige vermutlich bestanden haben.

Etwa ab 1200 hatte jeder Herrschaftsbereich in Deutschland eine Wassermühle. Allmählich nutzte man Wasserkraft arbeitser-

---

[1] Angaben nach Feldhaus, F. M. (1970). *Die Technik, ein Lexikon* 2. unveränderte Auflage. München.

leichternd in anderen Gewerbebereichen. Ölmühlen pressten Öl aus Bucheckern, Raps und Rübsamen. Lohmühlen quetschten und pulverisierten Eichenrinde, Krappwurzeln. Anderes Material wurde in Textilmühlen zum Stofffärben zerfasert. Auch die schwere Arbeit des Waschens und Walkens wurde schon früh von Wasserrädern übernommen. Im Metallgewerbe benutzte man die Mühlen vom Zerkleinern der Erzbrocken bis hin zum Formen von Platten, Hohlgefäßen und zum Ziehen von Drähten. Daraus stellten die Nadelmacher die berühmten Aachener Nadeln her; zum Schleifen und Polieren setzte man die „Schauermühlen" ein. Mühlen halfen bei der Produktion von Glas, Leim, Papier und Schießpulver, zersägten Baumstämme und Steine, hoben Wasser aus den Gruben und wertvolles Erz und Kohle ans Tageslicht. In der Grube *Furth* setzte man sogar ein Wasserrad zur Personenbeförderung ein. Wasserkraft war die Energie unserer Vorfahren, – Mühlen ihre Kraftwerke[2].

Die Bachläufe im Aachener Raum wurden intensiv genutzt. Zahlreiche Mühlen standen hintereinander; ihre Teiche sorgten für einen einigermaßen geregelten Wasserfluss. Das Füllen der Teiche erfolgte zu besonderen Zeiten; die Mühlengräben und Wehre mussten genau maßhaltig sein, damit nicht einer dem anderen das Wasser abgrub. Amtlich bestellte Wasserwieger kontrollierten die Einhaltung einer Fülle von Vorschriften und den Umsatz; denn danach richteten sich die Abgaben an den Landesherrn oder das Mühlenamt der Stadt[3].

Die hier beschriebene Route führt zu Zeugen jener Mühlentätigkeit, vorwiegend im Münsterländchen; d. h. ins Gebiet der ehemaligen Freien Reichsabtei Kornelimünster, wo der Abt als Landesherr gewerbliches Unternehmertum gerne förderte – nicht zuletzt wegen der damit verbundenen Einnahmen. Zur Blütezeit des Messinggewerbes klapperten etwa 20 Kupfermühlen im Ländchen.

---

[2] Nach Bertram, P. (1991). Frühe Mühlenwerke. In S. FEHL, *Mit Wasser und Dampf*. Aachen.

[3] Gründlichere Information hierüber in: Coels von der Brüggehen, Luise von (1958): Die Bäche und Mühlen im Aachener Reich und im Gebiet der Reichsabtei Burtscheid. *Zeitschrift des Aachener Geschichtsvereins, Bd. 70*. S. 5-122.

TOUR 5

Die Tour führt von:
Forst • Brand • Kornelimünster • Krauthausen • Gedau • Münsterbusch • Atsch • Eilendorf • Forst

Streckenlänge: ca. 35 km

Beginnen Sie Ihre Runde in **Aachen, Sittarder Straße**; ein größerer **Parkstreifen** befindet sich kurz hinter der Einmündung Schönforststraße. Radeln Sie **stadtauswärts** und bei der **folgenden** Einmündung nach **links**, sodann schon wieder **rechts** und bleiben neben der Kaserne auf der Sittarder Straße bis zur Einmündung der **Königsberger Straße**.

Hier biegen Sie **kurz** ab nach **rechts** und **sofort** wieder nach **links** in die **Danziger Straße**, fahren weiter und hinter dem **Gebäudekomplex** nach **rechts** über den **Parkplatz**, wo Sie am Ende auf einen schmalen **Fuß-/Radweg** geführt werden und dann auf die **Stettiner Straße** treffen. Auch hier geht es nur **kurz** nach **rechts** bis zur **links** abgehenden **Herderstraße**. Dort fahren Sie durch die **Unterführung** der Autobahn, später in der Nähe der **Schule** auf die **Rombachstraße**.

Bald **kreuzt** der Rad- und Fußweg der **Vennbahntrasse**; dort schwenken Sie **rechts** ein und lassen sich von ihm bis zur großen Brücke in **Kornelimünster** über den **Iterbach** leiten; schon gibt es prächtige Ausblicke.

Wenn Sie nach dem Bach auch die **B 258 überquert** haben, blicken Sie einmal links hinunter ins Tal der Inde; zwischen den Büschen können Sie noch eine Mühle ausmachen: *Kleinmühlchen*. **Verlassen** Sie hier den Vennbahnweg nach **rechts**, es geht **steil** hinab zur B 258, der Sie nach **rechts** abwärts folgen. Orientieren sich beim **Dreieck** am **Ortseingang** in die ruhigere **Straße geradeaus**, in die **Korneliusstraße**. Sie kommen auf den **Benediktinerplatz** und stehen nun mitten in einer Idylle, die einmalig im Rheinland ist.

Beherrscht wird das Bild von der großen Pfarrkirche, die einst als Klosterkirche der vornehmen Benediktinerabtei diente, in der alle sieben Jahre auf Heiligtumsfahrten berühmte Reliquien gezeigt und verehrt wurden. So vielköpfig war die Pilgerschar, dass die

Kirche

Kirche mehrfach vergrößert werden musste; dennoch reichte der Platz nicht, sodass man die Heiligtümer von der Galerie aus zeigte[4]. Im Innern birgt die Kirche manche Kostbarkeit.

Für Kornelimünster braucht man mehr Zeit, als auf einer Radrunde möglich ist, zum Beispiel als Fußgänger. Sie sehen dicht gereiht denkmalgeschützte Häuser neben Fachwerkhäusern und Bruchsteinbauten aus verschiedensten Jahrhunderten in prächtiger Geschlossenheit. Und auf der Höhe erblicken Sie über allem Sankt Stephan, die uralte, ehemalige Pfarrkirche des Ortes und für das gesamte Umland.

Kornelimünster

Fahren Sie auf die Sparkasse zu und **nicht** nach links über die Brücke, sondern **rechts** ab. An den gelblichen Prachtbauten (1728) um den Ehrenhof der ehemaligen Abtei fahren Sie vorbei zum früheren großen Eingangstor des Klosterbezirks. Das ist der dunkle Festungs-

---

[4] Näheres zur ehemaligen Abteikirche, der Abtei und dem Ortsteil Kornelimünster können Sie lesen in der Reihe „Aachener Spaziergänge", nämlich: Schulz, S. (1987). *Durch Wald und Flur, Bd. 1*. Aachen. Schulz, S. (1988). *Durch Wald und Flur, Bd. 2*. Aachen. Bousack, B. (2001). *Aachener Stadtführer*, Aachen.

TOUR 5

bau (1498), der sich so deutlich von den Repräsentationsbauten aus dem 18. Jh. abhebt. Damals führte hier die einzige Straße längs der Inde hindurch. Das barocke Torhaus wurde 1682 davorgesetzt.

Die ansteigende **Klauserstraße links** bringt Sie weiter, vorbei an einer schönen Promenade. Der Wasserlauf gehört zum Mühlengraben, der mit einem Wehr abschließt. Der Querbau ist aus der ehemaligen Abteimühle (14. Jh.), einer Getreidemühle, entstanden. Nach der Säkularisation wurde daraus eine Tuchfabrik, deren Gebäude beiderseits der Straße liegen.

Wasserspiele an der Abteimühle

Die Klauserstraße mündet in **Krauthausen** in die **Zehntstraße**, und zwar genau am Zehnthof, einem ehemaligen Lehnshof der Abtei. Sie fahren nun **rechts** ab und bis zur **nächsten** Einmündung, **Grachtstraße**. Dort geht es kurz **links** hinab und dann **rechts** durch **Wiesen** weiter; links im **Talgrund** fließt die Inde und daneben ein Mühlengraben. Sie kommen zum Gut Kommerich; eine Informationstafel erklärt die Geschichte der Mühle.

Überschreiten Sie die **Inde** und arbeiten sich **steil** hoch zur **Freunder Landstraße**. Auf dem **Radweg** können Sie dann erleichtert zu **Tal** sausen. Unten liegt rechts die *Elgermühle*, eine 1595 errichtete Kupfermühle. Nun aber müssen Sie auf die **andere Straßenseite**; hier zweigt **links** die Straße **Bocksmühle** ab, der Sie folgen. Bald sind Sie an der ehemalige *Mühle Gedau*, die diesem Talabschnitt[5] bis zur *Haumühle* den Namen gegeben hat. Um 1500 wurde sie schon als Kupfermühle erwähnt, von ca. 1800-1926 war es eine Tuchfabrik; und heute sind darin Wohnungen eingerichtet. – Kurz darauf gelangen Sie an die *Tatternsteine*, ein Naturdenkmal besonderer Art.

> Der Fels besteht aus dem „Gedauer Konglomerat", eine Art Naturbeton, wie er entsteht, wenn von starken Flüssen transportiertes Geröll durch Bindemittel wie Kalk oder Kieselsäure ver-

---

[5] Ist auch militärischer Bereich – gestattet ist nur die Benutzung befestigter Wege.

Tatternsteine

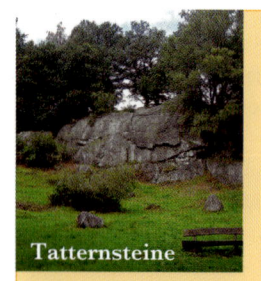

festigt wird. Vor mehr als 300 Millionen Jahren hob sich das Gebirge im Raum der heutigen Eifel. Ein mächtiger Strom schwemmte Felsen und Verwitterungsschutt hierher in ein Flussdelta mit bis zu 30 m mächtigen Schichten; auf der anderen Seite der Inde geht sie bis ans Ufer. Dieser Bereich gehört zum naturkundlichen Lehrpfad[6] der Stadt Stolberg von 1989.

Heide im Indetal

Parallel zur **Inde** verläuft Ihr **Weg**, die sich hier deutlich in vielen Windungen durch das Wiesenland schlängelt. Bald erreichen Sie die *Bocksmühle*.

Diese diente bereits 1646 als Kupfermühle zur Herstellung von Kesseln und Draht, von 1810-1906 als Spinnerei und Färberei. Heute wird sie landwirtschaftlich genutzt. Das Hofpflaster soll noch dem der alten Kupfermühle entsprechen.

Die nächste Mühle am Weg ist die *Haumühle*.

Es handelt sich um einen Komplex gewerblicher Betriebe verschiedener Branchen. Sie wurde – wie ein Keilstein im Innenhof kundtut – 1647 errichtet und arbeitete vermutlich zunächst als Kupfermühle. Seit 1815 wurde sie als Tuchfabrik genutzt; ab 1880 als eine Abteilung der Aachener Tuchfabrik van Gulpen, daher noch der Namenszug. 1960 wurde die Textilproduktion hier eingestellt.

Fahren Sie nun **zwischen** den Gebäuden auf den **Wald** zu und am **Waldrand rechts** weiter. Sie haben einen weiten Überblick auf das hier ziemlich breite Tal.

Im Hang weiter links lag der *Kohlbusch*. Schon vom 15. Jh. an wurde dort in kleinen *Pingen* nach Steinkohle gegraben. Mit

---

[6] Tafeln mit Informationen sind an der Strecke vorhanden.

TOUR 5

> Einführung der Dampfmaschine konnte man vergrößern. James Cockerill betrieb hier im 19. Jh. mit dem Stolberger Glasfabrikanten Siegwart ein Steinkohlenbergwerk mit fünf Schächten, u. a. *Amalia*- und *Heinrichsschacht*, von denen der letzte bis 204 m abgeteuft wurde. Das Pumpenhaus lag fast auf Höhe der Inde. Weiter oben liegt Münsterbusch. Der Name lässt deutlich erkennen, dass hier einmal Wald stand. Die jahrhundertelange Gewerbetätigkeit im Tal der Inde verschlang so viel Holz, dass Wälder nicht mehr nachwachsen konnten und das Land zur Heide wurde.

Bald erblicken Sie vor sich die **Landstraße** und schwenken darauf zu. Rechts und links dieser Straße, der **Cockerillstraße**, stehen Gebäude des Mühlenkomplexes *Buschmühle*.

> Nach dem Dreißigjährigen Krieg (1618-1648) hatte der Abt von Kornelimünster zwei Kupfermühlen errichten lassen. In preußischer Zeit wurde hier noch ein Messingwalzwerk betrieben; dann aber war die große Messingzeit endgültig vorbei und die Mühlen fanden andere Nutzung.

Jenseits der Straße verläuft die Route in Richtung **Atsch**, **Knotenpunkt**[7] **87** neben einer Gartenkolonie; mögliche Überbleibsel früherer Pingen wirken wie überwachsene Bombentrichter.

> Die *Nepomucenusmühle*, heute abgezäunter Privatbesitz, liegt am anderen Uferbereich und an der Buschstraße. Diese Mühle mit vier Mühlenbäumen mit Hämmern zur Messingverarbeitung wurde bereits im 17. Jh. kartografisch erfasst. Ein Wappenstein von 1731 des Abtes Hyazinth von Suys kündet von einem größeren Umbau.

Ihre Strecke durch das Gehölz mündet bald in die Hammstraße.

> Von hier knapp 500 m weiter rechts weist eine Beschilderung auf ein heutiges Gewerbegebiet, in dem einst Ende des 16. Jh. die *Hammmühle*, eine Kupfermühle, errichtet wurde.

In die Hammstraße biegen Sie **scharf** nach **links** ab und von dort schon bald nach **rechts** in die **Friedhofstraße**. Die **Sebastia-**

---

[7] Künftig **KP** genannt.

nusstraße fahren Sie kurz nach **rechts** und gleich **links** in die Straße **Am Roten Kreuz** und an den Waldrand.

Schräg links führt ein Weg, die **Kohlbahn**, durch den **Wald**. Hier rumpelten damals Kohlenfuhrwerke dahin, die die Steinkohlen aus dem Atscher Kohlberg (rechts von Ihnen) nach Aachen brachten. Auf der **L 23, Würselener Straße**, biegen Sie **links** ab, kommen an **Gut Schwarzenbruch** vorbei und benutzen den **Radweg** der **nächsten** Landstraße **links**.

So kommen Sie **unter** der **Autobahn** durch, mühen sich bis zum **Kalkwerk Thelen** hoch und rollen dann **links** durch die Straße **Am Bayerhaus**, die Sie bis zur **Von-Coels-Straße** durchfahren.

Alternativ können Sie diese **Stelle** auch auf **kürzerer** Wegstrecke erreichen, wenn Sie im Wald den **Igelweg** nach **links** nehmen. Dieser Weg bleibt im Forst, es geht auch bergauf wie auch beim vorgenannten Verlauf.

An dieser **Stelle** wechseln Sie **vorsichtig** auf die **andere** Seite der **Von-Coels-Straße** und radeln ein kurzes Stück **links** auf Stolberg zu. Gleich in den **ersten** Weg **rechts**, **Deltourserb**, fahren Sie hinein und bleiben auf ihm noch über die Autobahn bis zum **Querweg**, dem Sie kurz nach **rechts** und im **Linksknick** folgen bis an die **Freunder Straße**. Mit Augenmerk (!) fahren Sie über sie hinweg und gegenüber in die **Schlackstraße**. Sie kommen noch über den **Haarbach**, danach bei leichter Steigung in eine Felder- und Wiesenlandschaft, durch eine leichte **Rechtskurve** und dann an die **dritte Straße** nach **links**. Hier radeln Sie hinein, schwenken auf dem **Vennbahnweg** nach **rechts** und stoßen alsbald **links** auf die **Zieglerstraße** und die Radroutenbeschilderung Richtung **Lintert**.

Diese befahren Sie, kommen durch ein Gewerbegebiet, überqueren die **Neuenhofstraße** und radeln durch die **Sonnenscheinstraße** auf die **Reinhardstraße**. **Links** ab gelangen Sie zur **Trierer Straße**. Gegenüber nimmt Sie die **Schopenhauerstraße** auf und an ihrem Ende geht es **rechts** die **Lintertstraße** hinunter.

Noch ein paar Pedaldrehungen und Sie sind wieder am Ausgangspunkt.

Gute Fahrt!

TOUR 5

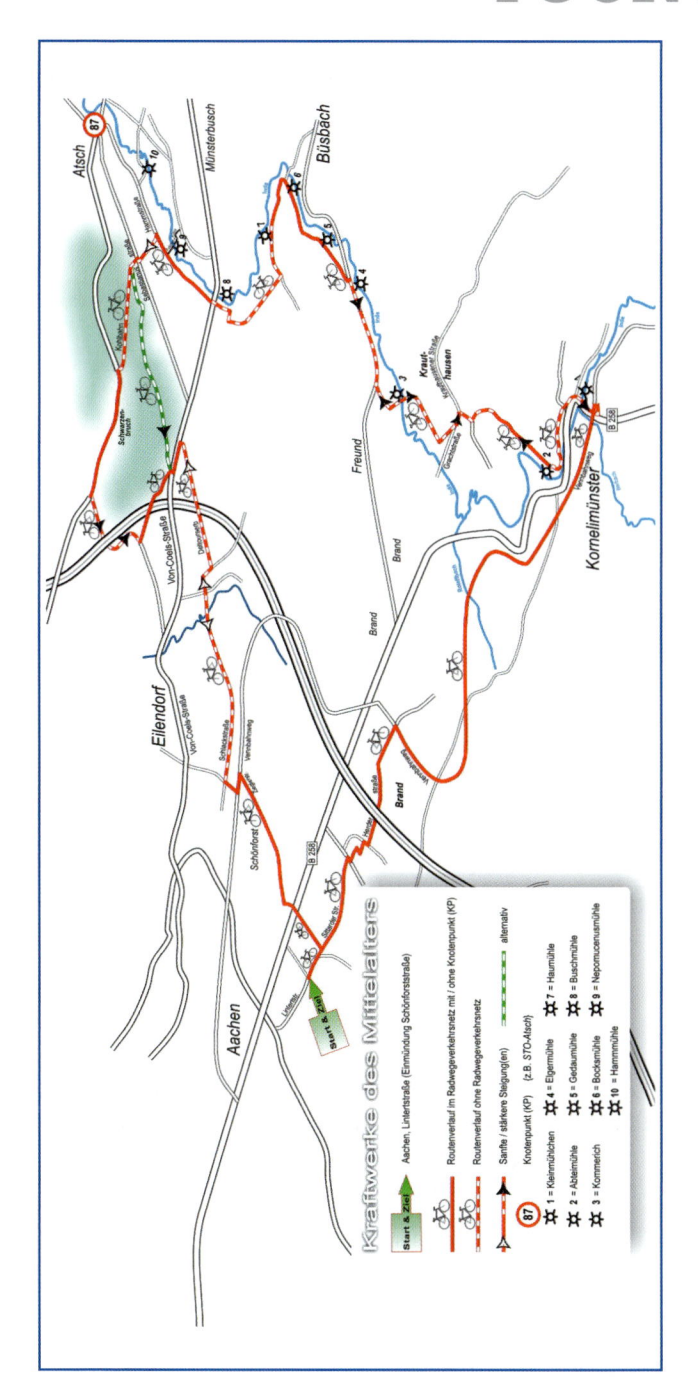

TOUR 6

TOUR 6

Wo der Wildbach rauscht
Längs Wildbach, Wurm und Haarbach

Jener Filmtitel versetzt uns in eine herbe, schroffe Alpenwelt, wo schäumende Gebirgsbäche tosend ins Tal schießen.

Der Aachener Wildbach dagegen kommt ruhig daher in einer ebenen, weiten Wiesenlandschaft, belebt von bizarren Kopfweiden – ein Bild ruhiger Gelassenheit, zu jeder Jahreszeit von eigenem Reiz.

In dieser stillen Landschaft hatte sich durch viele Jahrhunderte ein gewerblicher Schwerpunkt des Aachener Reiches entwickelt. Die Wassermassen des Wildbachs strömten beständig, trieben auf ihrem kurzen Lauf von Seffent durch die Soers allein sieben Mühlen an: Getreide-, Öl- und Kupfermühlen, später Mühlen des Nadlergewerbes (Schauer- und Schleifmühlen) und der Tuchmacher zum Waschen, Walken, Rauen, Pressen. Im 19. Jh. kam das weiche Wasser in den Mühlen den Färbereien zugute - 40 Mühlen sollen Mitte des 19. Jh. an den Aachener Bächen existiert haben.

Vor allem entlang dieses Bachs – und auch weiter – soll die jetzige Route führen:
Aachen • Seffent • Laurensberg • Soers • Haaren • Nirm • Verlautenheide • Haaren • Aachen

Streckenlänge: ca. 30 km

Starten Sie vom Parkplatz am **Aachener Westfriedhof** in die **Vaalser Straße** nach **rechts**. Schon nach wenigen Metern folgen Sie auf dem Radweg nach **rechts** dem Pariser Ring und **halb links** über die **Brücke** Richtung „RWTH-Melaten/Uniklinik" in die **Stiewistraße**. Die **Pauwelsstraße überqueren** Sie und fahren **geradeaus** in den gemeinsamen Fuß- und Radweg[1] in die Grünanlagen bei der Uniklinik am Dobach. Kurvenreich gelangen Sie alsbald bei **Gut Melaten**, wo im Mittelalter vor allem Leprakranke versorgt wurden, auf den **Schneebergweg** und biegen **links** ab.

---

[1] Zeichen 240 § 41 StVO.

Uniklinik mit Rettungshubschrauber

Den Schneebergweg verlassen Sie in den **ersten Weg** nach **rechts** und erreichen neben wassertechnischen Gräben einen geschützten Teich am **Rabentalweg**. Dort biegen Sie **links** ab auf die **Schurzelter Straße** zu und gelangen auf ihrem breiten Radweg **rechts** nach **Seffent**.

Am ersten Haus (Nr. 217) zweigt **rechts** ein schmaler **Fußpfad** ab in das malerische Wäldchen bei den *sieben Quellen* (Septem fontes), die dem Ort den Namen Seffent gegeben haben. Folgen Sie ihm am besten zu Fuß.

Zählen Sie doch mal die Quellen, die hier im Naturschutzgebiet[2] Seffent in zwei gefassten Quelltöpfen zutage treten; es sind in Wirklichkeit mehr. Am Brückchen fließen beide Gewässer zusammen zum Wildbach, der Sie eine ganze Strecke – mal näher, mal ferner – begleiten wird. Schon hier, an der Quelle, wird um 1325 eine Mühle erwähnt, die später aber nicht mehr genannt wird.

Sieben Quellen in Seffent

Hinter den Häusern führt ein **Weg** wieder auf die Schurzelter Straße mit breitem Radweg. Am **Ortsausgang** erblicken Sie die *Burg Seffent*, schon 896 als königliches Hofgut erwähnt; das Bruchsteingebäude stammt aus dem 16. Jh. Im Wäldchen zu Ihrer Rechten

---

[2] Infotafeln vor Ort.

TOUR 6

verlaufen sowohl der Wildbach als auch der Mühlengraben zur ersten der Schurzelter Mühlen, erstmals 1232 erwähnt. Bald radeln Sie an ihr vorbei, der Radweg endet hier; die zweite Mühle leuchtet weiß neben der großen Eisenbahnbrücke auf.

Ehemalige Mühle

Sie müssen geradeaus weiter bis an die **dritte** Straße **rechts**; ein **Zwischenwegweiser** des Radwegeverkehrsnetzes führt Sie in die **Teichstraße** und an deren Ende nach **links** in die **Schlottfelder Straße** und zur Einmündung in die **Roermonder Straße**.

Fahren Sie ein **kurzes** Stück **rechts** ab zu einer **Querungshilfe**, dann **über** die Straße und nach **links**. Schon bald halten Sie nach **rechts** in die **Schloss-Rahe-Straße** und durch die **Unterführung** am alten Bahndamm. Das Schloss bemerken Sie links im Park.

> Weiter voraus steht die *Ratsmühle* (**Rathsmühle**) als direkte Nachfolgerin der **Rorens-** oder **Rahemühle** von 1525; 2011 Umbau zu 24 großzügigen Eigentumswohnungen. Rechts davon erstreckt sich das Feuchtbiotop des Regenrückhaltebeckens von Schloss Rahe.

Am Feuchtbiotop fahren Sie durch den **Hauseter Weg** auf Gut Hauset[3] zu und folgen **davor** der Routenführung nach **links**. Eine Unterführung bringt Sie jenseits der viel befahrenen **Kohlscheider Straße** in die Wiesen der Soers. Bald erreichen Sie an der **Rütscher Straße** einen Gewerbekomplex, der sich aus der ehemaligen Schleifmühle entwickelt hat, im Stadtplan als *Speckhauer Follmühle* angegeben.

> *Follmühlen* oder *Vollmühlen* nannte man die Walkmühlen. In ihnen wurden die Stoffe mit besonderen Erden und Urin durch-

---
[3] Am Weg können Sie auf einer Tafel genaue Informationen zur Wasserführung nachlesen.

> tränkt und mit platten Holzhämmern, vom Wasserrad getrieben, ausdauernd geschlagen. Das förderte Farbechtheit und Festigkeit der Tuche. Auch die „Schleifmühle" wurde 1525 zum ersten Male erwähnt.

Hier geht es, der Routenbeschilderung[4] „AC-Haaren (Markt) 5,3 km" folgend, **links** ab und danach **rechts** in die **Schlossparkstraße**, die bald nach **links** in den **Ferberberg** übergeht.

Dort liegt **rechts** ab in der Straße **Strüverweg** die *Stockheider Mühle*, eine Kupfermühle aus dem 16. Jh. und mit einer Wegeverbindung zur Kupferstraße und bis zu den Kupferöfen in der Eilfschornsteinstraße.

Radeln Sie aber **links** bis **an** die Autobahnbrücke, dort **rechts** durch den **Sonnenweg**, der führt Sie zur *Soerser Mühle* von 1242.

> Anfänglich errichtet als Mahlmühle des Soerser Hauses, ab 1629 Kupfermühle, im 18. Jh. Walkmühle, im 19. Jh. Nadel-, Schleif- und Spinnmühle zugleich. Gehen Sie doch am Ende des kleinen, mit Pappeln umsäumten Betriebsparkplatzes ein paar Schritte den Fußpfad hinauf. Deutlich können Sie noch zwei der alten Mühlenteiche ausmachen.

An der Einmündung des **Soerser Weges** halten Sie kurz nach **rechts** und **überqueren** ihn nach **links** auf den **Eulersweg** mit breitem Radweg; links liegt die Justizvollzugsanstalt.

Den **Radweg** gegenüber auf der anderen Straßenseite der **Krefelder Straße** erreichen Sie sicher mithilfe einer **Bedienampel** und fahren hier nach **links** und weiter über die Wurm in Richtung **Würselen**.

> Links liegt im Talgrund hinter der Einfahrt zur Kläranlage die *Hochbrücker Mühle*. Hier standen sogar zwei Kupfermühlen, erstmals 1519 erwähnt, davon eine diesseits, die andere jenseits des Gewässers. Beide wurden von der Wurm angetrieben.

---

[4] **Alternativ** können Sie auch **geradeaus** dem schmalen **Pfad** neben dem Wildbach folgen, den Bach an einer **Wehrbrücke** überqueren und direkt zum **Strüverweg** gelangen, wo wenige Meter **rechts ab** die *Stockheider Mühle* liegt.

TOUR 6

Schwenken Sie dann **rechts** ein in die Straße **Strangenhäuschen**, die bald zur **Hergelsbendenstraße** wird. Den hier kreuzenden Radroutenweg, den **Benno-Levy-Weg**, wählen Sie nach **rechts** bis an die **Wurm**, dabei geht es über eine kleine Böschung. Zwangsläufig geht es neben dem Bach nach **links**. In dem Gewerbeterrain zu Ihrer Linken lag früher die *Hergelsmühle* von 1616, die 1975 abgerissen wurde.

> Sie wurde 1725 zur Schauermühle umgebaut, bei der zwei Schaufelräder je 20 Schauerbänke für je 20 Ballen Nadeln antrieben, ein Beispiel sehr früher Industrialisierung.

Bald sind Sie in **Haaren** und kommen durch die **Laachgasse** auf die **Germanusstraße**, der Sie nach **rechts** folgen bis an die **Haarener Gracht**. **Gegenüber** geht es in der Straße **Auf der Hüls** ein kurzes Stück weiter. An der **Akazienstraße** leitet Sie der **Wegweiser** („Stolberg 10 km, Eilendorf 3,5 km") nach **links** und dann an der **Haarbachtalstraße** nach **rechts**. Etwa 150 m weiter liegt rechts die *Welsche Mühle* von 1493.

Welsche Mühle, die letzte erhaltene

> Man nannte sie *steinerne Mühle*, als Besonderheit aus festem Stein erbaut und nicht, wie sonst üblich, in Fachwerk. An der Seitenwand steht noch das Mühlrad, auf welches das Wasser des Haarbachs aus dem Mühlgraben fließt. Sie wurde zur guten Stube Haarens mit Stadtteilbibliothek; ein Besuch lohnt sich.

In der alten Richtung kommen Sie weiter. Dabei fahren Sie unter der **Autobahnbrücke** hindurch. Wählen Sie an der ersten **Gabelung** den Weg **rechts**, beschildert als **„AC-Eilendorf/AC-Nirm"**. Es geht kurz aufwärts, dann durch fruchtbare Felder weiter und später auf dem Nirmer Weg im Ortsteil **Nirm** an die **Kalkbergstraße**.

In Nirm liegt die *Fingerhutmühle* und damit schon auf dem Gebiet der Reichsabtei Kornelimünster mit den weniger strengen Zunftbestimmungen als in der Freien Reichsstadt Aachen. Man schlug im 18. Jh. vermutlich aus Messingblech Hohlgefäße, auch Fingerhüte, was in Aachen nicht erlaubt war. Diese Gesetze vertrieben viele Kupfermeister ins Münsterländchen und nach Stolberg. Die Mühle befand sich im Schuttenhofweg, als Abstecher erreichbar über Nirmer Platz und Nirmer Straße bis vor den Bahndamm, dort links ab zum Haus Nr. 232.

Fingerhutmühle

In die Kalkbergstraße biegen Sie **rechts** ab Richtung **Verlautenheide**; ein kleines Stück weiter mündet **links** der **Scheidmühlenweg**, heute Zufahrt zur Kläranlage, früher zur *Scheidmühle*, so genannt, weil sie an der Grenze = Scheide zwischen dem Gebiet der Freien Reichsstadt Aachen und der Reichsabtei Kornelimünster lag.

Nun müssen Sie knapp **700 m aufwärts**, und zwar ziemlich **heftig**; **ein Radweg** steht Ihnen bei. In **Verlautenheide** biegen Sie in einer Rechtskurve nach **links** ab, und zwar in die Straße **Zur Scheidmühle** und an deren **Ende** geht es **rechts Im Hesselter** weiter bis zur **Kahlgrachtstraße**, auf der Sie nach **links**, **bergab** Ihre Tour fortsetzen. Nach etwa **900 m Abfahrt** können Sie links beim letzten Gebäudekomplex die *Kahlgrachter Mühle* ausmachen; um 1532 erstmals erwähnt und bis Oktober 1944 als Kornmühle in Betrieb.

Bald endet **links** das **Buschwerk**; ein Weg dort führt **abwärts**, macht einen **Rechtsknick** an dem hier nach rechts fließenden **Haarbach**. Bleiben Sie auf dem Weg, bis er nach **links** über eine Brücke einer wassertechnischen Anlage verläuft. **Rechts** fahrend, sehen Sie wieder die **Autobahnbrücke**.

… TOUR 6

Jetzt zweigen Sie **kurz** davor **links** ab in die **Saurensgasse**, fahren unter der BAB-Brücke hindurch und am Ende über die Straße **Auf der Hüls** geradeaus in die **Hofenbornstraße**. Bald kreuzt die **Hofenburger Straße**, in die Sie **links** abbiegen, radeln bis an ihr **Ende** und noch über die **Bahnlinie**[5] hinweg. Hier im Bereich der Gewerblichen Schulen, am Ende der **Neuköllner Straße**, führt gleich **rechts** ein Routenweg **abwärts** und auch **rechts** ins **Grüne** der Parkanlagen an der Wurm mit schöner Teichanlage. Sie folgen weiter der **Route** nach **halb links** und fahren neben der Wurm **unter** dem **Berliner Ring** hindurch. Dann geht es sofort eine **kurze, steile** Böschung **empor** auf ein Stück des **alten** Rings. Nach **links** sind es noch etwa **150 m**, bis Ihre Strecke nach **rechts** auf jenen **Radweg** geleitet wird, der Sie nun an der **kanalisierten** Wurm **entlang**bringt.

Wenn Sie an der Brücke mit der Streckenverlagerung aufs andere Wurmufer noch einen **Abstecher geradeaus** machen, gelangen bis in Sichtweite von *Gut Kalkofen*.

Gut Kalkofen

Erstmalig erwähnt wird die ehemals trutzige Wasserburg um 1437, sie ist vermutlich aber mehrere Generationen älter. 1739 kaufte das heruntergekommene Gut der reiche Tuchhändler und Bürgermeister Wespien, der es mit großem Aufwand durch den

---
[5] Barrieren zwingen Sie hier zum Absteigen, weil hier noch Werkszüge verkehren.

> berühmten Aachener Architekten J. J. Couven zu einem Rokoko-
> schloss mit prächtigem Park umbauen ließ. Hier ist Couven eine
> glückliche Synthese zwischen mittelalterlichem Trutzbau und
> lieblichem Landschloss gelungen, wenngleich man vom ehema-
> ligen Prunk nicht mehr viel sehen kann.

Wieder zurück zum **jenseitigen** Wurmufer, radeln Sie bis zum **Europaplatz**, auch noch ein Stück um den **Kreis herum** in Richtung City bis zum **Blücherplatz** zur **Fußgängerampel**.

Europaplatz

Mit ihrer Hilfe gelangen Sie sicher nach **links** auf die **Südseite** des **Blücherplatzes**, wo separate Radwegspuren Sie nach **rechts**, gegen die **Einbahnrichtung**, über einen Gehweg in die **Sigmundstraße** bringen. Angekommen an der **Hein-Janssen-Straße**, fahren Sie **rechts** und sogleich wieder **links** in der **Sigmundstraße** weiter, kreuzen die **Rudolfstraße**, radeln über den **Rehmplatz**, schwenken nach **links** in die **Ottostraße**, aber sofort wieder nach **rechts**, d. h. gegenüber in die **Maxstraße**.

TOUR 6

Am Ende der Maxstraße hilft Ihnen wieder eine **Ampelanlage**, über die vielspurige, verkehrsreiche **Heinrichsallee** in die **Promenadenstraße** zu gelangen. Auf dem **rechts** liegenden **Gehweg** können auch Sie als **Radfahrer** vorankommen zum nahen, halbkreisförmigen **Synagogenplatz** mit der Aachener Synagoge.

Nach **rechts** durch die **Schumacherstraße** nähern Sie sich der **Peterstraße**, queren diese an einer Ampel und radeln gegenüber im **Peterskirchhof** am Bushof entlang und danach **links** ab durch die **Couvenstraße**.

In die **Kurhausstraße** biegen Sie **rechts** ab, fahren **geradeaus** über die **nächste** Kreuzung in den **Seilgraben** bis zur **zweiten Verkehrsampel** und dort nach **links** in die Altstadtstraße **Neupforte**.

In dieser **Tallage** kreuzen Sie die **Pontstraße** in den **Augustinerbach**, gelangen dann in den **Annuntiatenbach** und zum **Lindenplatz**; ab hier fließt (Sommerhalbjahr) rechts neben Ihnen der offen gelegte Johannisbach in einer eingefassten Rinne.

> An der Wand des links stehenden Gebäudekomplexes (Nr. 2a) befindet sich eine große, lesenswerte Informationstafel[6] über die Vergangenheit und Gegenwart des Johannisbachs, Skizzen und Beschreibungen anderer Aachener Fließgewässer und Wassermühlen. Gegen Ende dieser Thementour finden Sie eine Erklärung darüber, nur ein Mühlrad (Welsche Mühle) gesehen zu haben.

Vom Platz fahren Sie durch die leicht ansteigende **Johanniterstraße**, **kreuzen** an der Ampel den **Karlsgraben** zur **Lochnerstraße**. Auf ihr unterfahren Sie eine **Eisenbahnbrücke**, danach queren Sie die **Junkerstraße** und gelangen an den **Beginn** des **Westparks**. Die Radroute wird nun **durch** den Westpark fortgeführt, den Sie an der **Welkenrather Straße geradeaus** in die **Weststraße** wieder verlassen. Sie bleiben auf dieser Straße, dabei geht es kurvenreich unter der Halifaxstraße voran zur **Vaalser Straße**.

Nach **rechts** setzt sich Ihre Route auf einem Radweg fort, nochmals unter einer Eisenbahnbrücke hindurch, zu einer **Verkehrsampel**, wo Sie nach **rechts** wieder den **Parkplatz** des **Westfriedhofs** vorfinden.

Frohe Fahrt!

---

[6] http://www.oekologie-zentrum-aachen.de/html/

TOUR 6

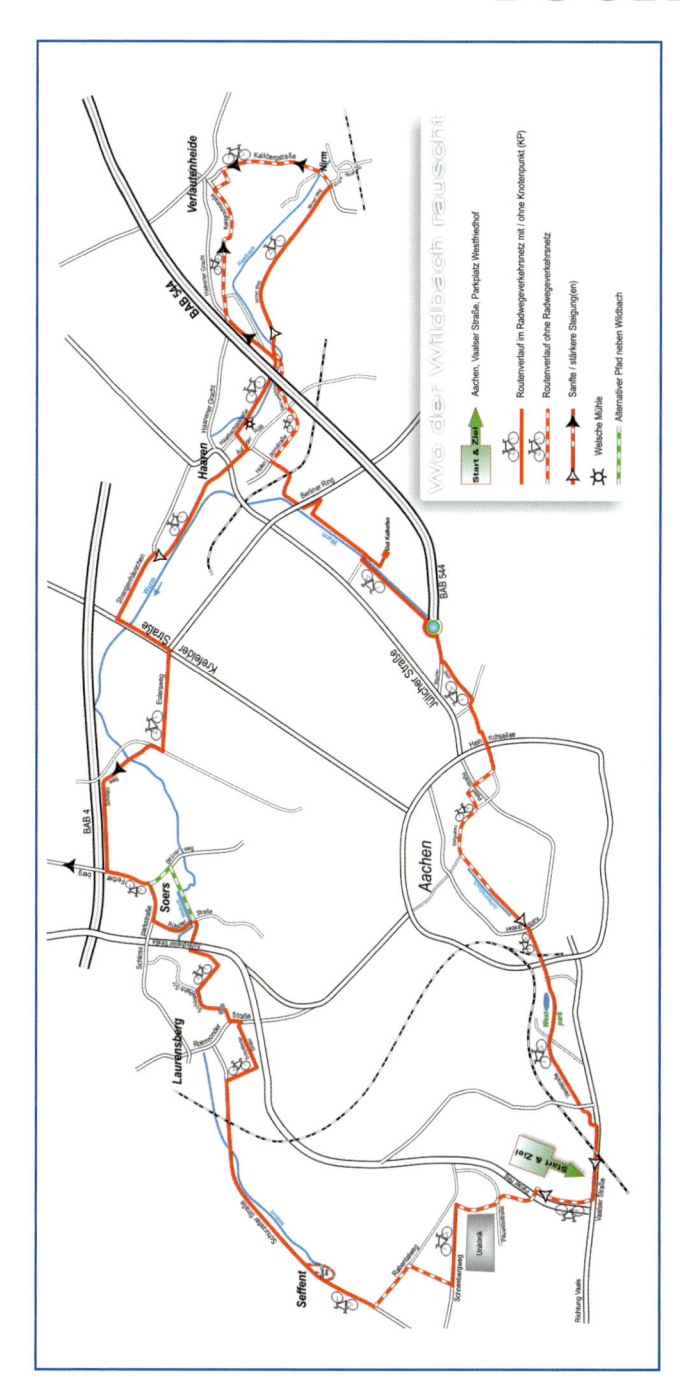

TOUR 7

TOUR 7

Brennbare Erde
Zu alten Zechen im Wurmtal

Vor rund 300 Millionen Jahren erstreckte sich über dem Nordrand der heutigen Mittelgebirge von England über Belgien und die Niederlande, nördlich der Eifel und des Sauerlandes, ein sehr breites Überschwemmungsgebiet. Es wuchsen u. a. riesige Farne, seltsame Schuppenbäume und bis zu 30 m hohe Schachtelhalme; heutige Ackerschachtelhalme werden kaum 30 cm hoch. Diese Sumpfwälder müssen häufig entwurzelt, überflutet und mit Sanden und Tonen überdeckt und vom Luftsauerstoff abgeschlossen worden sein. Komplizierte Zersetzungs- und Umwandlungsvorgänge durch Mikroorganismen wandelten diese Pflanzen allmählich um in Erdbraunkohle.

Neuen Wälder erging es ähnlich. Während etwa 50 Millionen Jahren bildeten sich mehrere tausend Meter mächtige Gesteinsschichten, die sich absenkten und in der Tiefe durch enormen Druck die Temperaturen so erhöhten, dass geochemische Prozesse die Braunkohle umwandelten in Steinkohle.

In Jahrmillionen wurden immer wieder Gesteinslagen in Schichten abgetragen und aufgeschüttet, von denen der Karbonzeit blieben bis zu 2.000 m mächtige erhalten. Tertiäre Schichten wurden dann noch von Ablagerungen verschiedener Eiszeiten überdeckt. Mächtige Kräfte haben schon vor etwa 10 Millionen Jahren nicht nur die Schichten aus der Karbonzeit aufgefaltet, übereinandergeschoben, gebrochen, einzelne Schollen absinken lassen und andere, an einigen Orten auch kohleführende Schichten, wieder in Oberflächennähe gehoben.

Im Aachener Raum hat sich die Wurm in das sie umgebende Gestein eingeschnitten und in den Talhängen auch Kohleschichten aufgeschlossen, die im Wurmtal den Anfang des Steinkohlenbergbaus in Europa bilden. Schon 1113 wurden hier die *kalculen* südwestlich von Herzogenrath auf Straß hin erwähnt – erste urkundliche Bestätigung für Steinkohlenabbau. Wirtschaftlich bedeutend wurde er aber erst von der Mitte des 16. Jh. an. Ökonomische Größe gewann der Steinkohlenbergbau bis ins frühe 20. Jh. hinein vor allem am Eschweiler Kohlberg, wo bereits Ende des 15. Jh. kleine Gruben betrieben wurden. Im Aachener Revier ist der Steinkohlenbergbau inzwischen eingestellt.

> **Zu Stätten des älteren Steinkohlenbergbaus an der Wurm soll die folgende Route führen, und zwar von:**
> Aachen • Haaren • Wurmtal • Straß • Pannesheide • Bank • Kohlscheid • Berensberg • Aachen
>
> **Streckenlänge:** ca. 30 km

Starten Sie bei den Parkmöglichkeiten des Aachener **Friedhofs Hüls** in der **Wilmersdorfer Straße**. Fahren Sie zum **Kreisverkehr** der **Charlottenburger Allee**, den Sie in Richtung **Haaren**, **Auf der Hüls**, verlassen. Bald queren Sie einen Bahnübergang, unterfahren die BAB 544 und gelangen ins Zentrum von Haaren. Die **Haarener Gracht** überqueren Sie mithilfe der Verkehrsampel in die **Germanusstraße**. Darin biegt **halb links** die **Laachgasse** ab. Längs der Wurm folgen Sie routengeführt „Herzogenrath/Würselen" auf dem **Benno-Levy-Weg** mit einem kurzen Anstieg über einen alten Bahndamms. Auf der ehemaligen Bahntrasse gelangen Sie zur **Friedenstraße**, dort geht es zunächst **links** abwärts, aber schon gleich hinter der Kurve müssen Sie auf der **Friedenstraße rechts** weiter. Sie unterfahren die BAB 4 in Richtung Krefelder Straße zu einer Wegekreuzung und orientieren sich dort nach **links**, und zwar auf die Routenstrecke zum **Knotenpunkt**[1] **9**.

Steil führt Ihr Weg hinab zur Untertunnelung der Krefelder Straße (B 57). Dann radeln Sie neben dem ehemaligen Haus Kaisersruh – weil hier einmal Zar Alexander I. zu Besuch weilte – in Richtung **KP 9**, ins **Wurmtal**, an der **Wolfsfurth**.

Ihr nächstes Fernziel ab KP 9 ist **KP 10**; es steigt zuerst stark an, oben – Sie bleiben in der Höhe parallel zum Tal der Wurm, kommen an der *Adamsmühle* vorbei und rollen später hinab an die **Schweilbacher Straße** (L 23, mit Radweg) ins Wurmtal, nahe dem Restaurant Teuterhof.

> Hier, am Teuterhof, stand ehemals das Bergwerk *Grube Teut*. Einst im Besitz der Herren zur Heyden, wurde sie 1685 von der Stadt Aachen zur Kohlenversorgung ihrer heimischen Gewerbebetriebe (Kupfer- und Waffenschmiede, Tuch- und Nadelma-

---

[1] Künftig **KP** genant.

TOUR 7

> cher) aufgekauft. Die Stadt regelte zeitweilig auch die Kohlenpreise, sodass manchmal der *Grube Teut* städtische Zuschüsse gezahlt wurden (Subventionen schon damals).
>
> Ende des 18. Jh. baute man schon Flöze in 90 m Tiefe ab, legte aber wegen Unrentabilität zur Franzosenzeit die Zeche still. Mitte des 19. Jh. wurde die Grube neu konzessioniert; modernere Verfahren erbrachten eine Tagesförderung von etwa 100 Tonnen. Um die Jahrhundertwende schätzte man ihre Kohlenvorräte noch für einen Abbau von etwa 10 Jahren; doch 1904 wurde sie endgültig stillgelegt. – Stilllegungsprobleme gab es im hiesigen Bergbau zu allen Zeiten.

Fahren Sie **links** die L 23 hinab und über die Wurm **aufwärts** bis zur deutlichen **Linkskurve**. Dort wechseln Sie **routengeführt** nach **rechts** in den Wald, fahren an einem Parkplatz vorbei abwärts zum **KP 10**. Ihr neue Richtung heißt jetzt **KP 12**, links begleitet Sie Wald, nach rechts gibt es manchmal einen Durchblick auf den gegenüberliegenden Hang mit Bergeresten der Grube *Gouley* (1599-1969). Dann endet Ihr Weg in der Nähe der Alten Mühle von Bardenberg, die jenseits der Wurm liegt.

An die ehemalige Zeche *Langenberg* erinnert heute noch der sehenswerten **Bergmannsbrunnen** auf dem Markt in **Kohlscheid**. Wenn Sie einen Blick darauf werfen möchten, dann verlassen Sie hier die Führung und mühen sich **links** die Straße **Am Langenberg** hoch. Sie verläuft in einem eigenartigen Zickzackkurs und stößt dann auf die **Oststraße**. Dann ist es nicht mehr weit.

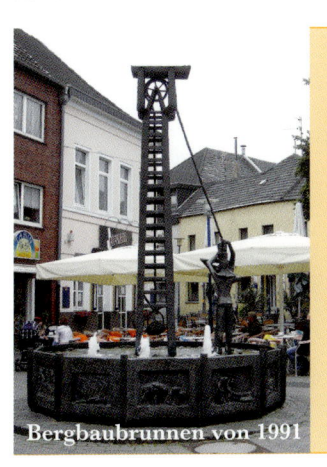

Bergbaubrunnen von 1991

> *Langenberg* wurde um 1620 in Betrieb genommen und – nach vorangegangener unterirdischer Verbindung mit der Zeche *Laurweg* – erst 1917 geschlossen. In der Franzosenzeit war sie mit 200 Bergleuten die größte Zeche des Reviers. Wahrscheinlich hat man hier 1812 die erste Wasserhaltungsdampfmaschine des Wurmreviers aufgestellt; man konnte damit bis 142 m Tiefe gelangen.

Zur Weiterfahrt rollen Sie die Oststraße **hinunter** zum **KP 12**, fahren wieder über die Wurm Richtung **KP 24** und am Gegenhang **bergauf**. In einer Rechtskurve **schwenken** Sie von der Route **weg** nach **links** in den Wald, **Alte Furth**. Sie fahren an einem früheren Mühlenteich der Grube *Furth* vorbei.

> Es gab zwei Gruben *Furth*, die *Alte* und die *Neue*. Das ältere Bergwerk stand am Hang etwa auf der Höhe des Teichs und förderte vom frühen 16. Jh. bis etwa 1820. Sie war hier Ende des 17. Jh. die bedeutendste Grube, in der täglich bis zu 200 Fuhren geladen wurden. Der Abtransport über die damaligen Wege war sicherlich beschwerlich. Um 1820 errichtete man auf der Höhe die *Neue Furth* mit ihrem zweiten Schacht im Wurmtal. Mit diesem Schacht wurde die Wasserhaltung mithilfe eines 8 m hohen Wasserrades geregelt, das zusätzlich die „Fahrkunst" antrieb. Das war eine raffinierte Einrichtung, damit die Bergleute zum Ab- und Aufstieg nicht Leitern benutzen oder mit den Förderkörben (dünne Weidenkörbe an Hanfseilen) gehievt werden mussten. Die Grube förderte bis gegen 1880. Weitere Informationen können Sie nachlesen am Ende des Fahrweges, wo rechts ein rotes „Wohngebäude" steht, das in Wirklichkeit das alte Betriebsgebäude der *Neuen Furth* ist. Hier verläuft auch die „Karbonroute" als Wanderweg.

Ihr anschließender Weg gehört schon dazu. Radeln Sie vorsichtig und langsam; manchmal kommen hier auf dem etwa 300 m langen Waldweg auch Spaziergänger oder Jogger entgegen.

Grube „Furth"

TOUR 7

> Und hier im Hang liegt sie, die brennbare Erde. Heben Sie die schwarzen Schnitzel auf und betrachten Sie sie genau: Kohle, die Sie hier allenthalben auffinden. Es gibt vielleicht noch kleine *Pingen* zu entdecken, in denen man damals Kohle ergraben hatte. Und beachten Sie einmal die steilen Hänge und die hier verlaufenden Wege – arme Pferde! Sie hatten die Lasten da hinaufzuziehen.

„Karbonroute" mit Brücke über die Wurm

Das **Ende** des **Weges** markiert ein **Brückchen**; jeweils 11 Stufen hinauf und hinunter, dann links neben dem Knüppeldamm[2]. Betrachten Sie vom Damm aus den Hang, von wo Sie gekommen sind, und lassen Ihren Blick weiter nach links schweifen. Dort oben im Fels liegen alte Stollen, die Sie auf der „Karbonroute"[3] besichtigen könnten.

An einer **Kläranlage** vorbei gelangen Sie zu einer **Schutzhütte** und ziehen dort die **breite** Straße aufwärts zum **KP 13**. Durch die **Bahnunterführung** radeln Sie, dann **links** den steilen **Klinkhei-**

Wurm an der Brücke

---

[2] Nach heftigen Niederschlägen mit Wasserlachen wäre der Knüppeldamm zu empfehlen.
[3] Zwei weitere „Steinkohlenrouten", von denen eine u. a. diese o. a. Aufschlüsse besucht, finden Sie in: Klaus Voß & Bruno Bousack (2010). *Radfahren im Dreiländereck. Band 1.* Aachen.

der Weg empor. In einem weiten Bogen verläuft er durch die Felder neben einer Höckerlinie des Westwalls auf die **Voccartstraße** zu, die Sie **überqueren** müssen.

Hier, auf der **Roermonder Straße**, radeln Sie durch die **Pannesheider Straße** bis zu einem kleinen Kreisverkehr, dort in die **Haus-Heyden-Straße**, das ist Richtung **KP 6**. Danach rollen Sie bis ins Zentrum von Kohlscheid-Bank. Es geht leicht abwärts und am Ende einer leichten **Rechtskurve** müssen Sie **halb links** in die **Bachstraße** einbiegen, unterfahren die **Bahnstrecke** und in die **Banker Straße** kurz **aufwärts**, um **rechts** in die **Wilsberger Straße** abzubiegen. An ihrem Ende führt Sie ein **Linksknick** zur **Roermonder Straße**.

> Der moderne Komplex links gegenüber ist das Technologiezentrum Herzogenrath, errichtet auf dem Gelände der Grube *Laurweg*, die eine der wichtigen Zechen des Reviers war. Vermutlich wurde sie schon vor 1620 gegründet und gab bis 1951 vielen Familien Arbeit und Brot. – Kinderarbeit in kleinen Gruben des Wurmtals, sogar unter Tage, wurde erst im frühen 19. Jh. durch die preußische Regierung verboten.

Fahren Sie noch ein Stück die Roermonder Straße nach **rechts** hinunter bis zu der **Ampelanlage**. Dabei haben Sie nach rechts einen Blick auf die Halde der Zeche *Laurweg*. Mithilfe der Ampel kommen Sie nach **links** und radeln weiter nach **rechts** auf der **Dornkaulstraße**[4] und an Feldern entlang, bis Sie auf die **Rumpener Straße** stoßen. Hier **rechts** ab und bald sind Sie an der **Kreuzung** in **Berensberg**. Lassen Sie sich noch **geradeaus** ins Soerstal **hinabrollen**, aber an der Abzweigung links, dem **Eulersweg**, sollten Sie **nicht** vorbeifahren. Radeln Sie durch den Eulersweg und schwenken Sie mit Ampelhilfe auf der **Krefelder Straße** nach **links**. Die nächste Einmündung **rechts** ist **Strangenhäuschen**. Sie biegen **rechts** ab und fahren nun bis zum **Benno-Levy-Weg**. Sie erinnern sich: Auf der Hinfahrt kamen Sie hier heraus. Dort geht es nun **rechts** hinein; und auf demselben Weg, den Sie hergekommen sind, fahren Sie nun wieder zum **Ausgangspunkt**, und zwar an der Wurm entlang, Laachgasse, Auf der Hüls, Kreisverkehr und Wilmersdorfer Straße.
Gute Fahrt und Glück auf!

---

[4] *Dornkaul* und *Rumpen* hießen auch zwei kleine Gruben, die schon um 1540 erwähnt werden.

TOUR 7

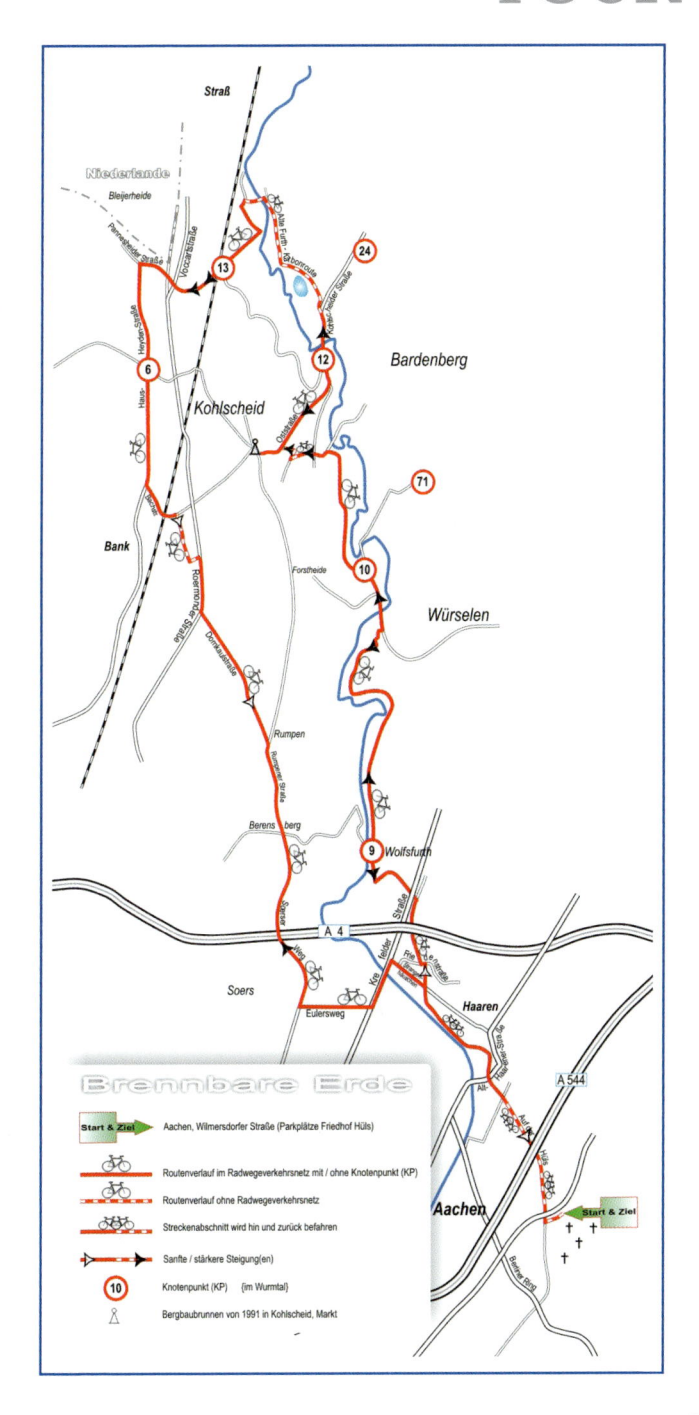

Brennbare Erde

- **Start & Ziel** — Aachen, Wilmersdorfer Straße (Parkplätze Friedhof Hüls)
- Routenverlauf im Radwegeverkehrsnetz mit / ohne Knotenpunkt (KP)
- Routenverlauf ohne Radwegeverkehrsnetz
- Streckenabschnitt wird hin und zurück befahren
- Sanfte / stärkere Steigung(en)
- **10** Knotenpunkt (KP) {im Wurmtal}
- Bergbaubrunnen von 1991 in Kohlscheid, Markt

TOUR 8

TOUR 8

Zwischen Feldbiss und Sandgewand
Durchs ehemalige Alsdorfer Revier

Die Französische Revolution (1789) und die nachfolgenden napoleonischen Expansionskriege hatten für das Rheinland auch etwas Positives. Kleine Bezirke mit oft hinderlichen Zunftordnungen wurden aufgehoben und durch das in ganz Frankreich geltende einheitliche Recht ersetzt, das vor allem selbstständiges Unternehmertum förderte.

Durch die Übernahme Preußens 1815 verschlechterten sich die westlichen Handelsbeziehungen. Die nachfolgende Gründung des „Zollvereins" öffnete andere, attraktive Märkte und ermöglichte Gründungen von Aktiengesellschaften, zum Beispiel des „Eschweiler Bergwerk Vereins" (EBV), deren Kapital technische Innovationen im Bergbau anstieß, wie die schwierige Erschließung Erfolg versprechender Kohlenfelder zwischen den markanten Störungslinien „Feldbiss" und „Sandgewand".

Mit dem Aufbau der Eisenbahnlinien boomte die Wirtschaft, Lokomotiven verschlangen nicht nur große Mengen Kohle, sondern auch die Schienenwege und Züge benötigten große Mengen Stahl, erzeugt in Hütten- und Stahlwerken – größte Abnehmer für den Bergbau, keine Holzkohle mehr und die Wälder wurden geschont.

Die besseren Transportwege schufen generell ein günstigeres Klima für Handel und Gewerbe, sodass allgemein mehr gebaut, produziert, verbraucht wurde: Man spricht vom Wirtschaftsaufschwung der Gründerjahre.

Nach dem Zweiten Weltkrieg blühte der Bergbau noch einmal kräftig auf. Doch Aluminium und Kunststoffe verdrängten weitgehend den Stahl, weit weniger Koks wurde benötigt. In der chemischen Industrie verarbeitete man immer mehr Erdöl, damit viel weniger Koks und auch Kohlenwertstoffe. Schließlich wurde im Industrie- und Wohnbereich Kohle durch Heizöl und energiereiches Erdgas ersetzt. Brennstoffe und Kokereigas fanden weit weniger Abnehmer. Auch milliardenschwere Subventionen halfen da nicht mehr. Die niederländischen Gruben wurden schon in den 60er Jahren geschlossen; auch im Wurmrevier wurde konzentriert und stillgelegt. Ende 1992 war der jahrhundertelange Steinkohlenbergbau an Wurm und Inde für immer zu Ende.

Sehen Sie sich doch auf einer hin und wieder anstrengenden Rundfahrt durch landschaftlich schönes Gebiet einige Zeugen dieses neueren und schon bald vergessenen Bergbaus an, der die Grundlage schuf für Wirtschaft und Besiedlung in unserer Heimat.

Dabei berühren Sie folgende Orte:
Würselen • Bardenberg • Alsdorf • Oidtweiler • Siersdorf • Baesweiler • Merkstein • Bardenberg

Streckenlänge: ca. 50 km

Beginnen Sie die Fahrt an den Parkstreifen der **Merowingerstraße** in **Aachen** in **westlicher** Richtung und am Ende **geradeaus** weiter durch den **Purweider Weg**. Es geht hinunter in das schöne Wiesengebiet der Soers, auf dem **Strüverweg** an Gut Scheuer müssen Sie **halb rechts** den **Ferberberg** etwa halb hinauf bis Sie die Autobahnbrücke passiert haben.

Dort schwenken Sie **rechts** mit **Routenwegweiser** in den **Buschweg** ein, der zunächst parallel zur Autobahn, später oberhalb der Kläranlage bis zum **Blauen Stein** führt, einem Pylon, der im Anfang des 19. Jh. zur genauen Landvermessung diente. Hier beginnt auch das *Paulinenwäldchen*, benannt nach einer Schwester Napoleons, die hier gerne spazieren ging. **Geradeaus** am Waldrand führt Ihr Weg bergab Richtung **Knotenpunkt**[1] **Nr. 9** des Radroutennetzes durch einen kleinen Teil des *Landgrabens*, der vom 14. Jh. an mit einer Gesamtlänge von fast 70 km das Aachener Reich begrenzen und vor plötzlichen Überfallen sichern sollte.

Am **Querweg** müssen Sie **rechts** ab und über die Wurmbrücke zum **KP 9**, Wolfsfurth. **Links** ab und zunächst Richtung **KP 10** fahren Sie etwa **400 m** bergauf und nehmen dann den immer noch ansteigenden Weg nach **rechts**, der in einem Bogen mit schöner Aussicht aufs Wurmtal an einem Sportplatz entlangführt; es ist die

---

[1] Künftig **KP** genannt.

Paulinenstraße. An der **zweiten Kreuzung** verlassen Sie sie nach **links** in die **Kaisersruher Straße**, **geradeaus** weiter durch die **Brunnenstraße** und stoßen auf die **Schweilbacher Straße**. Hier radeln Sie **kurz rechts** und biegen sodann **links** in die **Martin-Luther-King-Straße**, die Sie ganz durchfahren. Dann sind Sie an der **Gouleystraße**.

> Die Grube *Gouley* war zeitweilig die bedeutendste im Wurmrevier und wurde 1599 als *Grube Gute Ley* (guter Schiefer = Kohlenschiefer) begonnen. Sie hat 370 Jahre fast ununterbrochen Kohle gefördert und damit vielen Familien des Reviers Arbeit und Brot verschafft. Selbst in der Franzosenzeit wurde sie gleich konzessioniert – unter dem Namen *Gouley* – und konnte weiterarbeiten. Nach den Weltkriegen wurde kräftig modernisiert; in den 50er Jahren des vorigen Jh. verband man sie unter Tage mit der Zeche *Laurweg* in Kohlscheid, aber 1969 musste auch sie stillgelegt werden. – Der weithin sichtbare Förderturm wurde schon vor einigen Jahren gesprengt; ansprechende Wohnhäuser stehen nun auf einem Teil des Zechengeländes.

Sie fahren nun **links** und in die folgende, die **Waldstraße**, **rechts** zum **KP 71**. Nur **wenige Meter** bewegen Sie sich in Richtung **KP 24**, um nach **rechts** ein parkähnliches Gelände zu durchfahren bis an die Straße **Am Förderturm**, wo Sie **links** abbiegen, um schließlich in die **Von-Goerschen-Straße** zu kommen. Sie erreichen einen **Kreuzungsbereich** mit sechs Einmündungen, den Sie in etwa geradeaus in die **Grindelstraße**[2] (K 1) überqueren.

In **Bardenberg** sind Sie nun und fahren nach **halb rechts** durch die **Kirchstraße** (K 1) bis zur L 223, **Jüderstraße-Birk**. Auf der anderen Straßenseite fahren Sie auf dem **Duffesheider Weg** geradeaus direkt auf **Duffesheide** zu. Im Ort gabelt sich der Duffesheider Weg. Sie aber wählen den Weg **halb links**, der die **Ottenfelder Allee** kreuzt und nun in den Auenwäldern des Naherholungsgebiets Broichbachtal endet.

---

[2] Achten Sie hier bitte auch auf das Denkmal für den Mann mit den „Gelben Füßen"! Näheres in Klaus Voß (2008). *Radwandern in Aachen und Umgebung – 11 Touren für Familien und Senioren*. Aachen. Tour 11, „Ein Mann mit gelben Füßen", S. 139-149.

Kreisverkehr in Alsdorf mit „Sonnenring"

Hier[3] schwenken Sie routengeführt nach **rechts** zum **KP 27** und wählen dort den Weg **links** aufwärts Richtung **KP 28**. Durch mehrere Kurven fahren Sie hinauf, zwischen dem Ortsteil **Zopp** und einer lang gestreckten **Halde** weiter, an einem Sportplatz vorbei bis zur **Prämienstraße**. **Gegenüber** werden Sie weitergeleitet über einen schmalen Weg an einer weiteren Halde vorbei an die **Alte Aachener Straße**, die Sie nach **rechts** zwischen zwei Halden Richtung **Busch** befahren. Hinter dem **Bahnhof** Alsdorf-Busch verlassen Sie den **Kreisverkehr** in die **erste** Ausfahrt, in die **Eisenbahnstraße**, von wo aus Sie in die **Herzogenrather Straße** einschwenken in einen weiteren **Kreisverkehr**. Die **Konrad-Adenauer-Allee** ist die **erste Ausfahrt**; nun sind Sie alsbald am weitläufigen Gelände der ehemaligen Zeche *Anna*.

Die Grube *Anna* hat (wie auch Grube *Maria* und Schacht *Gemeinschaft*) im 19. Jh. Bergbaugeschichte geschrieben, da hier erstmalig das Deckgebirge aus stark wasserführenden tertiären Sanden mit Schächten durch-

Förderturm im „Annapark"

---

[3] Sie könnten hier Ihre Runde drastisch verkürzen, indem Sie nun links abbiegen und immer am Bach entlangfahren bis zum Weiler Ruif. Hier schwenken Sie links ein und fahren dann links von dem Wäldchen auf Niederbardenberg zu. Ab da sind Sie auf dem Rückweg Ihrer jetzigen Route und finden den Weg in den entsprechenden Abschnitten dieses Kapitels, Gesamtstrecke dann etwa 30 km.

TOUR 8

teuft wurde. Die Schwierigkeiten beim Schachtbau *Anna* waren so groß, dass zwischen Baubeginn und Kohlenförderung fünf Jahre vergingen (1848-1853). Da es hier noch keinen Eisenbahnanschluss gab, baute man eine Pferdebahn nach Herzogenrath an die Eisenbahn von Düsseldorf nach Aachen mit Anschluss nach Stolberg. Nun konnte man den Steinkohlenabsatz steigern und vereinfachen im blühenden Stolberger Industrierevier und im Aachener Hüttenwerk. 1871 wurde die Bahnverbindung Alsdorf-Stolberg in Betrieb genommen und 20 Jahre später die nach Herzogenrath.

Schon ab 1862 wurde auf *Anna* Kohle verkokt mit dem Ziel, die Kohlenwertstoffe, wie Teer, Benzol und Ammoniak, zu gewinnen, das anfallende Gas zum Antrieb der Grubenmaschinen zu verwenden und bei Kommunen abzusetzen als Leucht- und Heizgas. Koks wurde Stahlwerken geliefert, ab 1903 sogar an saarländische und luxemburgische Werke. Erstmalig kam es zwischen Deutschland und dem luxemburgischen Stahlkonzern Arbed (1913) zu internationaler Verflechtung und Absicherung. *Anna* produzierte ab 1957 täglich als Westdeutschlands größte Kokerei mit über 300 Öfen etwa 6.000 Tonnen Kokskohle. Nachdem viele Gemeinden und Betriebe auf Erdgas umgestellt hatten, wurde Kokereigas ab 1971 per Rohrleitung zum Kraftwerk Siersdorf geleitet, in elektrische Energie gewandelt und in das Verbundnetz der RWE eingeleitet. Seit 1910 hatte Grube *Anna* ein Kraftwerk, in dem nicht-marktfähige Brennstoffe umgesetzt wurden zum Betreiben der Druckluftsysteme. Unter Tage wurde später weitgehend auf Elektrobetrieb aus dem Kraftwerk umgestellt, besonders der Fahrbetrieb, auch Abbau, Förderung und Strebausbau wurden voll mechanisiert.

Zur Erinnerung an die große Zeit des Steinkohlenbergbaus unserer Region ist auf dem Gelände von Zeche „Anna" unter Einbeziehung noch stehender Gebäude ein höchst interessantes Industriemuseum eingerichtet worden. Als zweitgrößtes in NRW wird es vom Verein „Bergbaumuseum Anna II" betrieben und von einer Stiftung mit Landesmitteln unterstützt und soll ständig weiter ausgebaut werden.

Auf der anderen Straßenseite erblicken Sie zum Teil stark veränderte Fassaden der alten „Eduard-Kolonie", Bergmannswoh-

> nungen von 1870. Schon 30 Jahre später baute man sie weiter vom Werk weg, zum Beispiel die „Hermann-Kolonie" oder in Kellersberg; man hatte offenbar bemerkt, dass eine große Zeche auch Umweltschäden mit sich bringt.

Zur Fortsetzung der Route fahren Sie auf der **Konrad-Adenauer-Allee** noch einmal **zurück** bis zur Einmündung der **Carl-von-Ossietzky-Straße**, wenden sich hier nach **rechts** und am **Kreisverkehr ebenfalls** nach **rechts** in den **Übacher Weg**, dort **geradeaus** hinüber und kurz darauf **halb links** in die Straße **An der Mariensäule** mit dieser Figur. Sie fahren nach **rechts** um das Gelände der Burg Alsdorf herum, sodass diese links von Ihnen bleibt. Gönnen Sie sich einen Blick auf das ehemalige Herrenhaus der Wasserburg.

Alsdorf Burg

> Schon 1319 wird ein Ritter von Alsdorf erwähnt; von dieser Burg ist aber praktisch nichts mehr erhalten. Im frühen 16. Jh. wurde durch die Herren von Harff eine neue Burg errichtet, von der noch Grundmauern und vor allem der rechte Turm stammen. Treppengiebel und Turmhelm sind aus dem 17. bzw. 18. Jh. – Rund um die Burg lag das eigentliche Alsdorf, die anderen Viertel sind erst durch die Zeche dazugekommen.

Fahren Sie nun auf der Burgstraße **geradeaus** durch den **Tischelkauler Weg** und nach **rechts** auf den **Oidtweiler Weg** und weiter zur stark befahrenen **B 57** und mit Ampelhilfe zum **KP 59**. Richtung

TOUR 8

KP 58 geht es weiter; wenn Sie einen Abstecher nach **rechts** ans Ende der **Wagnerstraße** machen, lag in einem abgezäunten Gelände „Anna III", deren Schacht zuletzt als Luftschacht diente.

Zur B 57 zurück, sind Sie nach etwa **700 m** und nach zwei Kreisverkehren am **KP 58**[4]. Nach **rechts** in den **Schwarzen Weg**, Richtung **KP 56**, fahren Sie, dann weiter auf der **Eschweiler Straße**, aber nur so weit, bis **links** eine kleine, **platzartige** Erweiterung mit der **Martinstraße** sichtbar wird. Hier biegen Sie **links** ein, radeln direkt an der Kirche vorbei durch die **Kirchgasse**, bis **rechts** hinter dem Sportplatz die **Pastor-Strang-Straße**[5] abzweigt. Fahren Sie nun **rechts** ab. Am Ende überqueren Sie die **Bahnhofstraße** etwas rechts hinweg und nun immer geradeaus über die Felder auf die frühere Grube *Emil Mayrisch* zu.

Weizen, Rüben, Halde

Die Zeche *Emil Mayrisch* wurde schon 1938 gegründet. Der Beginn des Zweiten Weltkriegs stoppte den weiteren Ausbau. Erst 1952 begann die Kohleförderung in der modernsten Grube des Reviers. Ihre Kohle wurde in der Zeche *Anna* verkokt; darum brauchte man hier nicht so viele Baulichkeiten. Deutlich war damals eine klare räumliche Gliederung auszumachen; rechts die Zechengebäude mit dem über 70 m hohen Förderturm, weiter links das große Elektrizitätswerk, von dem die Hochspannungsleitungen ausgingen und dahinter die lang gestreckte Bergehalde. 1992 wurde die Zeche geschlossen.

---

[4] Hier könn(t)en Sie die Tour um ungefähr 6 km verkürzen. Fahren Sie etwa **500 m** die **B 57** geradeaus und verlassen Sie sie nach **links** in den **Merberener Weg** zum **KP 31**. Ab hier machen Sie sich auf die Strecke Richtung **KP 30** durch die herrliche Allee auf die B 221 zu. Allee und Bundesstraße sind hinten in diesem Kapitel wieder erwähnt; da kommen Sie weiter.

[5] Nun könnten Sie Ihre Fahrt um 3 km verkürzen, wenn Sie geradeaus weiterfahren, in die Bahnhofstraße links radeln und stets in der Richtung weiter durch Kirchstraße, Kückstraße, Reyplatz, Geilenkirchener Straße und dann erst links ab in die Straße Auf der Waad. Letztere ist im Text dieses Kapitels wieder genannt; da können Sie anschließen.

Ihre Strecke macht nun einen deutlichen Knick nach **links** zum **KP 56**. Kurz davor liegt rechts **hinter** Bäumen die Ruine der Setutericher *Windmühle*.

> Sie soll im 16. Jh. als Wachtturm gedient haben. Umgebaut zu einer Zeit, als die Dampfmaschine schon das neue Zeitalter angekündigt hatte, stimmt sie den Betrachter etwas melancholisch, wenn er zurückblickend Mühle und Industriebrache zugleich anschaut, denen beiden das gleiche Schicksal blühte, das Ende einer Ära, überrollt vom sogenannten wirtschaftlichen Fortschritt.

Kartoffeln vor der Halde „Carl Alexander"

Radeln Sie nun in Richtung **KP 54**, so gelangen Sie geradeaus zum Sportzentrum von **Baesweiler**. Über die **B 57** hinweg geht Ihr Weg durch die **Jülicher Straße, Urweg, Albert-Schweitzer-Straße, An der Waad** und zuletzt **Carlstraße**. An der **Kapellenstraße** fahren Sie **links** zum **KP 54**, um nun rechts in den **Herzogenrather Weg** Richtung **KP 31** zu radeln. Nach rechts könn(t)en Sie einen Trip machen zum Foyer am Fuß[6] der Zechenhalde *Carl Alexander*.

Rechts des Weges liegt die Fatih-Moschee. Bald bemerken Sie eine Brücke der ehemaligen Grubenbahn nach Alsdorf auf Ihrer Fahrt zwischen fruchtbaren Feldern auf ein Wäldchen zu, in dem früher Gut Alt-Merberen lag.

---

[6] Voß, K. & Bousack, B. (2011). *Radfahren in der Euregio – Flache Strecken, Bd. 2*. Tour 6. (S. 75-76). Aachen.

TOUR 8

Fatih-Moschee in Baesweiler

Am **KP 31** orientieren Sie sich in Richtung zum **KP 30**. Dabei kommen Sie sogleich durch eine prächtige **Allee** und an die **B 221**. Hier müssen Sie kurz **links** und alsbald wieder **routengeführt** nach **rechts** die B 221 **überqueren**. Dort fahren Sie nach **rechts** neben der B 221 ein wenig zurück, folgen dann dem Linksbogen durch Felder und sind nach gut 1,5 km beim Sportzentrum in **Merkstein** an der **Geilenkirchener Straße** (L 232). Mit geduldiger Umsicht müssen Sie **hinüber** auf den **Radweg**, fahren anfangs **abwärts**, dann aber sanft **hinauf**.

Die Häuser zu Ihrer Rechten sind Bergmannswohnungen der Zeche *Adolf*. Sie förderte in Merkstein von 1913-1971 Kohle und war schon Mitte der 30er Jahre die bestelektrifizierte Grube Deutschlands.

Oben geht es noch über die Gleise der Euregiobahn hinweg zur **Kreuzung**, an der Sie nach **links** in die viel ruhigere **Noppenberger Straße** abbiegen. Am **Ende** der **Bebauung** schwenken Sie

Gedenkstätte im Broichtal

nach **rechts** in den **Schleypenhofer Weg**. Nun radeln Sie durch Felder und treffen auf die Kreisstraße **K 5**. Auf dem Radweg sausen Sie **links** abwärts, stoßen am Ende auf die **Bierstraße**, kommen **schräg links gegenüber** in den **Enger Weg** und hinab ins **Broichbachtal**. Ihr nächstes **Ziel** ist **KP 25**, das Sie nach **schräg links** voraus über den Weg **Bergermühle** antreffen.

Der Weiler **Ruif** liegt rechts. Sie aber fahren Richtung **KP 24 bergauf** an einem Wäldchen vorbei, **oben** durch den Weiler **Wefelen** und dann auf dem **Finkenweg** an Niederbardenberg vorüber auf den weithin sichtbaren **Wasserturm Bardenbergs** zu. Nach **Querung** der **L 223** sind Sie in der **Niederbardenberger Straße**, von der Sie nach **rechts** in die **Dorfstraße** abbiegen und gelangen am Ende zur **Heidestraße**. Als **Linksabbieger** radeln Sie letztlich auf der **Zechenstraße** zum **KP 71**.

> Der Wasserturm steht auf dem Gelände des 1904 gebauten Knappschaftskrankenhauses, das auch später immer wieder modernisiert, den Bergleuten und ihren Familienangehörigen beste Hilfen im Krankheitsfalle bot. In der Nähe gab es schon 1856 einen Vorgänger als erstes deutsches Knappschaftskrankenhaus zur Versorgung Unfallverletzter in einem gemieteten Wohnhaus. Heute kooperiert es mit dem Kreiskrankenhaus in Würselen.

Finkenweg mit Wasserturm

TOUR 8

Hier fahren Sie nach **rechts**, und zwar in die **Waldstraße** Richtung **KP 10**. Bald geht es **sehr steil** neben der bewaldeten Halde der Zeche *Gouley* hinunter ins Wurmtal, wohin man damals den Abraum gekippt hatte. Am unteren Ende liegt die Pumpermühle[7]. Mit der Wasserkraft der Wurm wurden Pumpen zur Entwässerung der Grube betrieben. Die nächsten 100 m sollten Sie aus Sicherheitsgründen zu Fuß bis hinter der Wurmbrücke zurücklegen.

Blick von der Brücke über die Wurm in der Nähe der Pumpermühle

Ab der **Kläranlage** können Sie wieder **aufsitzen** bis zum **KP 10**, wo es nach **links** Richtung **KP 9** aufwärts geht durch den Wald und an einem **Parkplatz** vorüber bis zur Landstraße, **L 23**. Hier führt Sie auf der **Gegenseite** ein **Radweg** flott nach unten an die **Brücke** über die Wurm. Dort lag die Grube *Teut*, die auch durch eine Mühle entwässert wurde.

---

[7] Tafel mit ausführlichen Infos gibt es vor Ort.

Alternativ können Sie an diese **Brücke** gelangen, wenn Sie **über** den **Parkplatz** nach **links** in den Waldweg fahren, der neben der Wurm autofrei nach unten verläuft.

Vor der Wurmbrücke gibt es **zwei Möglichkeiten der Weiterfahrt:** Für die erste benutzen Sie den **zweiten** Fahrweg **rechts jenseits** der Wurm, und zwar den Richtung **KP 9**, wobei es während der Bergauffahrt schöne Ausblicke ins Wurmtal gibt, Sie an Adamsmühle vorbei wieder jene Stelle finden, wo Sie beim Hinweg zum Sportplatz in Würselen abgebogen sind. Ab KP 9 radeln Sie Richtung **KP 8**. Das ist auch der bekannte Weg, aber jetzt **steil** hinauf zum **Blauen Stein**. Dann führt die Route nach **rechts**, etwas **weniger steil** am Paulinenwäldchen entlang bis **Berensberg** an die Kreuzung mit der **L 244**.

Für die **andere Weiterfahrt** zu dieser **Kreuzung** brauchen Sie **nur** eine **heftige** Steigung zu bewältigen, wenn Sie **vor** der **Wurmbrücke** in den Weg nach **rechts** neben dem Bach fahren. Schon etwa **800 m** weiter zweigt nach **rechts** ein unbenannter **Weg** ab, der allerdings bald **steil** aus dem Wurmtal **aufsteigt** bis zu den ersten Häusern von **Kohlscheid-Rumpen**. Dort biegen Sie **scharf** nach **links** ab in den Weg, der am **Waldrand** oberhalb des Wurmtals und manchmal neben Feldern/Wiesen sowie am Friedhof vorüber **autofrei** nach **Berensberg** zu der genannten Stelle führt.

Dann können Sie auf dem Radweg den **Soerser Weg, L 244**, hinuntersausen, kommen an der Rückseite des Reitturnierplatzes vorbei und landen an der Ampel bei der Kirche **Sankt Andreas**. Hier schwenken Sie **links** in die **Merowingerstraße** und sind bald wieder am **Parkplatz**.

Glück auf!

TOUR 8

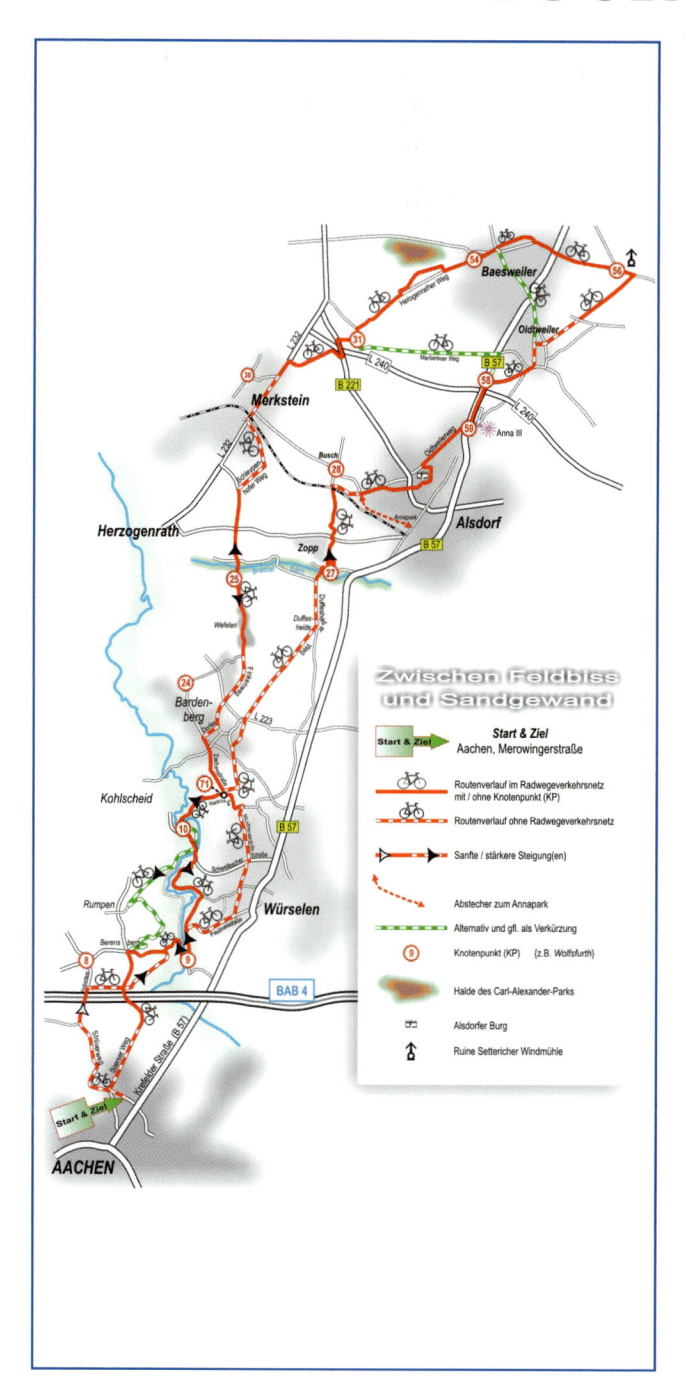

Zwischen Feldbiss und Sandgewand

Start & Ziel
Aachen, Merowingerstraße

- Routenverlauf im Radwegeverkehrsnetz mit / ohne Knotenpunkt (KP)
- Routenverlauf ohne Radwegeverkehrsnetz
- Sanfte / stärkere Steigung(en)
- Abstecher zum Annapark
- Alternativ und ggfl. als Verkürzung
- Knotenpunkt (KP) (z.B. Wolfsfurth)
- Halde des Carl-Alexander-Parks
- Alsdorfer Burg
- Ruine Setterlicher Windmühle

99

TOUR 9

TOUR 9

Die dunklen Wälder Germaniens…
Im Wald zwischen Mulartshütte und Zweifall

Altes Forsthaus in Mulartshütte

…wurden schon von den römischen Schriftstellern Caesar (100-44 v. Chr.) und Tacitus (55-116 n. Chr.) beschrieben. Uns kommen sie nicht so dunkel vor, Urwälder gibt es nicht mehr, sondern forstlich bewirtschaftete Wälder mit lichtvollen und befestigten Forstwegen; der Legionär fand meistens nur naturbelassene Trampelpfade vor. Die römische Militärverwaltung sorgte erst für ein gut gegliedertes Straßen- und Wegenetz und bevorzugte offenes Gelände.

Erste Rodungen im Flachland fanden gewiss schon in der Mittel- und Jungsteinzeit statt. Bis weit ins Mittelalter hinein zog sich ein mächtiger, zusammenhängender Waldgürtel von der Maas bis fast zum Rhein. Später haben Rodungen den Wald drastisch verändert. Die wachsende Bevölkerung musste Siedlungsraum, Ackerland und Weiden gewinnen. Wo man guten Boden fand und die Rechtsverhältnisse es zuließen oder die Obrigkeit es anordnete, gab es besondere Rodungsperioden im 9./10. Jh. und im 12./13. Jh. – Wälder als unerschöpfliche Quelle für Siedlungsraum, Bauholz, Brennmaterial, Streu und Viehfutter.

Im 15./16. Jh. nutzte man Wälder gewerblich, aber sehr zu seinem Schaden. Das Textilgewerbe benötigte Holz zum Heizen, Waschen, Färben und Walken von Wolle oder Tuch. Die Gerber verbrauchten große Mengen Eichenrinde für die Lohe. Kupferhöfe und Eisenhütten verschlangen Unmengen an Holzkohle – aus vielen Waldflächen wurde Ödland.

Französisches Recht änderte zu Beginn des 19. Jh. drastisch die Eigentumsverhältnisse, die von Preußen kaum abgewandelt wurden. So verfügten nun Gemeinden selbst über ihren Wald und landwirtschaftliche Nutzungen wurden weitgehend abgeschafft. Die Steinkohle-Koks-Technik für die Hochöfen sowie das Puddle- und später das Thomasverfahren zur Stahlgewinnung ersetzten bei den Eisenhütten die Holzkohle, preiswertere Steinkohle Holz als Brennmaterial. – Und die preußische Regierung ordnete die Wiederaufforstung der Waldgebiete an. Es sind heute die Wälder in der Nordeifel, also erfolgreiche Aufforstungsbemühungen. Fichtenkulturen (die Eifler nannten sie „Preußenbäume") wurden bevorzugt, weil es weitaus schwieriger ist, auf Ödland Laubhölzer zu pflanzen.

Diese Tour führt durch einige Wälder der Vor- und Nordeifel über:
Niederforstbach • Hahn • Venwegen • Mulartshütte • Zweifaller Schneise • Hasselbachtal • Zweifall • Sinziger Schneise • Kitzenhaus • Friesenrath • Walheim • Kornelimünster • Driescher Hof

Streckenlänge: ca. 35 bis 50 km

Starten Sie am **Parkplatz** beim Aachener Tierpark in der **Oberen Drimbornstraße** stadtauswärts, schwenken **routengeführt** nach **links** in die Straße **Am Kupferofen** bis zur **Altstraße**. Als **Rechtsabbieger** gelangen Sie bald zur **Adenauerallee**. **Gegenüber** führt Sie die Beschilderung nach rechts zur Einmündung der **Lintertstraße**, die Sie hochfahren und noch weiter, bis im Grünen von **links** der breite **Grauenhofer Weg** einmündet. Dort hinein radeln Sie, zunächst aufwärts und dann hinter der Überführung der Autobahn achten Sie auf den **zweiten** Weg zu Ihrer **Rechten**, den schönen Fuß- und Radweg auf dem **Vennbahnweg**.

Dort biegen Sie ein und kommen an einen Kreisverkehr in **Niederforstbach**. Im Kreis geht der Radweg **schräg** gegenüber weiter und führt Sie durch prächtige Landschaft, über zwei herrliche Brücken bis an eine **kleinere**, wo der Radweg auf die **andere** Seite des alten Eisenbahngleises **wechselt**. **Hier verlassen** Sie den Radweg und rollen auf der Straße **Knipp** bergab ins Zentrum von **Hahn**.

TOUR 9

Hier geht es auf der Hahner Straße **links** ab bis zur **Kirche** und dort **rechts** die **Dorfstraße** hinauf. Diese macht zunächst zwei Schwenks nach links, sogleich wieder einen nach rechts und führt Sie auf einem schönen Wiesenweg bis an den **Rand** von **Venwegen**. Hier folgen Sie dem **Querweg** (vor dem Friedhof) nach **rechts** an den Gärten der Häuser entlang aufwärts bis zur übernächsten Querstraße, **Am Bachpütz**. Dort müssen Sie **links** ab, kommen auf die **Mulartshütter Straße** und radeln diese nach **rechts**[1] ganz durch bis unten in **Mulartshütte**.

> Mulartshütte soll von einem Meister *Maulart* gegründet worden sein, der hier um 1430 eine Eisenhütte mit Hammerwerk errichtete. So alte Häuser findet man hier natürlich nicht mehr, aber manches denkmalgeschützte Gebäude stammt aus dem 17. oder 18. Jh. Besonders auffällig ist das *Alte Forsthaus*, jetzt ein Restaurant, das laut Keilstein um 1763 erbaut wurde. Schauen Sie sich kurz um im malerischen Ort, der zu jeder Jahreszeit seinen anheimelnden Reiz hat.

Sie müssen weiter nach **links**, in **Richtung Zweifall**, aber nur etwa 30 m. Nun führt **rechts** die **Schnacke-Busch-Straße** bergan; sie geht nach der Bebauung in die **Mulartshütter Schneise** über und dort sind Sie schon mitten im Wald. An einer **Schutzhütte** kreuzt die **Zweifaller Schneise**. Hier biegen Sie **links** ab und können nun ca. **1,2 km** schnurgerade durch den prächtigen Laubwald rollen

Erzstollen

---
[1] Zwischendurch passieren Sie das „Waldrestaurant Birkenhof". Wenn Sie hier nach rechts in die Sinziger Schneise abbiegen, können Sie Ihre Tour um ca. 15 km verkürzen. In den letzten Abschnitten dieses Kapitels ist jener Weg beschrieben.

103

bis zur nächsten **Kreuzung**. Hier zeigt ein Wegweiser nach **rechts** in Richtung **Solchbachtal**. Deshalb halten Sie sich an der **folgenden** Gabelung **rechts** und an den **nächsten** Einmündungen oder Gabelungen immer **links**.

> Im Solchbachtal sind Informationstafeln aufgestellt, die erklären und darauf aufmerksam machen, dass hier Bachtäler renaturiert werden, vielfältige Bodentypen und Pflanzenarten vorkommen.

Renaturierung am Solchbach

So rollen Sie hinunter zum **Hasselbach**, links neben ihm weiter, treffen bald auf einen Pfad nach links mit Hinweis auf einen alten **Eisenerzstollen**. Bald kommen Sie am **Waldrestaurant** „Solchbachtal" vorbei zur **Jägerhausstraße**; wenn Sie hier über den Parkplatz nach rechts fahren, können Sie am Ende nach rechts in die Straße zum „Museumssägewerk[2] am Forsthaus Zweifall" gelangen, in dem alte Sägewerkstechniken ausgestellt und auch vorgeführt werden. Vor dem Gebäude steht auch die längste Holzbank der

Längste Bank der Welt mit 34,07 m

---

[2] Öffnungszeiten: 01.04. bis 31.10. an Wochenenden; www.wald-und-holz.nrw.de

TOUR 9

Welt mit 34,07 m Länge, die aus einer ca. 130 Jahre alten Douglasie entstanden ist.

Die Tour setzen Sie nach **links** auf dem Weg **vor** dem Hasselbach fort, gelangen über eine **Holzbrücke** auf die **Jägerhausstraße** und hinab in den **Ortskern** von Zweifall.

> Zweifall war vom frühen 14. Jh. an Sitz wichtiger Eisenhütten und Hammerwerke. Manche Straßennamen erinnern noch daran. Im Umkreis des schönen Ortes gibt es 10 markierte Rundwanderwege. Es lohnt sich, als Wanderer hierher zu kommen.[3]

Sie müssen nun die **Jägerhausstraße** ganz hinunter, am Ende über den Vichtbach und **links** in den **Frackersberg**. Nach etwa 1,1 km, davon gar 750 m stark steigend, erreichen Sie einen nach links und rechts in den Wald verlaufenden, prächtigen **Fahrweg**, die **Sinziger Schneise**. Dort radeln Sie **links** hinein, Richtung **KP 99**, schnurgerade durch den Wald, meist Nadelwald. Nahezu **2 km** weiter sind Sie wieder an der **Mulartshütter Straße** am KP 99, in Höhe des Restaurants „Birkenhof".

Geradeaus steuern Sie **weiter**; es sind fast **2,6 km** mit schönem Baumbestand bis zur nächsten **Schutzhütte** an einer Wegkreuzung. Die Routenführung verlassen Sie hier nach **rechts** in den Weg zum Weiler **Kitzenhaus**. Auf dem hier zwischen den Häusern beginnenden **Kitzenhausweg** fahren Sie bei leichtem Gefälle auf **Hahn** zu, aber nicht bis dort. Wenn Sie am **zweiten Bauerngehöft** zu Ihrer **Rechten** angekommen sind, fahren Sie **scharf links** in den **Pannekogweg** hinab nach Friesenrath. Im Ort radeln Sie bald an *Schloss Friesenrath* (erbaut 1925) vorbei und kurz dahinter auf der rechten Seite an *Gut Friesenrather Hof*.

> Hierbei handelt es sich um einen ehemaligen Zehnthof der Abtei Kornelimünster. Sein Wohnhaus stammt – wie der Wappenstein des Abtes Alphons Hyacinth von Suys über der Tür angibt – aus dem Jahre 1721. In einer Obstwiese entdeckte man in den 20er Jahren des 20. Jh. Reste eines römischen Landgutes mit Fußbodenheizung.

---

[3] Kurze Beschreibungen der Rundwege und andere, sehr ausführlich kommentierte Wanderwege finden Sie in Mätschke, D. (1991). *Stolberger Wanderungen, Bd. 2. Im Naturpark Nordeifel*. Aachen.

In Friesenrath, einem liebenswerten Dörfchen, gibt es einige denkmalgeschützte Häuser. **Rechts** kommen Sie zur **Schleidener Straße**, **B 258**; diese müssen Sie **rechts** hinauf. Auf der Höhe, in einer Rechtskurve, biegen Sie **links** ab in die Straße **Auf der Kier**, gelangen nach einer Rechtskurve noch über die **Vennbahngleise** hinweg an die **Prämienstraße**. Gegenüber fahren Sie die **Albert-Einstein-Straße** hoch, an der Kirche mit ihrem weithin erkennbaren Turm vorüber und vorsichtig über die Kreuzung mit der **Montebourgstraße**. Nach vielleicht 80 m wenden Sie sich nach **links** in den **Königsmühlenweg**. Er bringt Sie zwischen grünen Wiesen zum **Iterbach** hinab und wieder hinauf zur **Schleckheimer Straße**. **Rechts** schwenkend, kommen Sie nach **Kornelimünster**.

Hier fahren Sie **halb links** den **Gangolfsberg** hinab, nur **nicht** bis ganz **unten**! Gegenüber vom Bezirksverwaltungsgebäude führt nach **schräg links** der **Vennbahnweg** weiter, den Sie nicht verfehlen dürfen. Auf ihm radeln Sie nun, am Ende einer leichten Steigung über einen **Kreisverkehr**, die **Münsterstraße,** hinweg und danach etwa **700 m** später nach **links** in die **Rombachstraße** auf die **Autobahn** zu. **Unter** dieser verläuft Ihre **Route** auf der **Herderstraße** hindurch an die **Stettiner Straße**. Hier geht es nach **rechts**, aber **sofort** wieder nach **links** durch einen gemeinsamen **Fuß- und Radweg** zur **Danziger Straße**. Nach **rechts** über den Parkplatz kommen Sie mit einer Linkskurve an die **Königsberger Straße**. Sie fahren **nur** wenige **Meter** nach **rechts** und dann nach **links** in die **Sittarder Straße** bis zur **Lintertstraße**.

Auch hier halten Sie sich an die **Routenbeschilderung**, überqueren mit entsprechender Sorgfalt die **Adenauerallee** in die **Altstraße**. Wie schon von der Hinfahrt erinnerlich, fahren Sie in die Straße **Am Kupferofen** und bis zur **Oberen Drimbornstraße**. Noch ein kleines Stück – dann sind Sie wieder am **Parkplatz**.

Frohe Fahrt!

TOUR 9

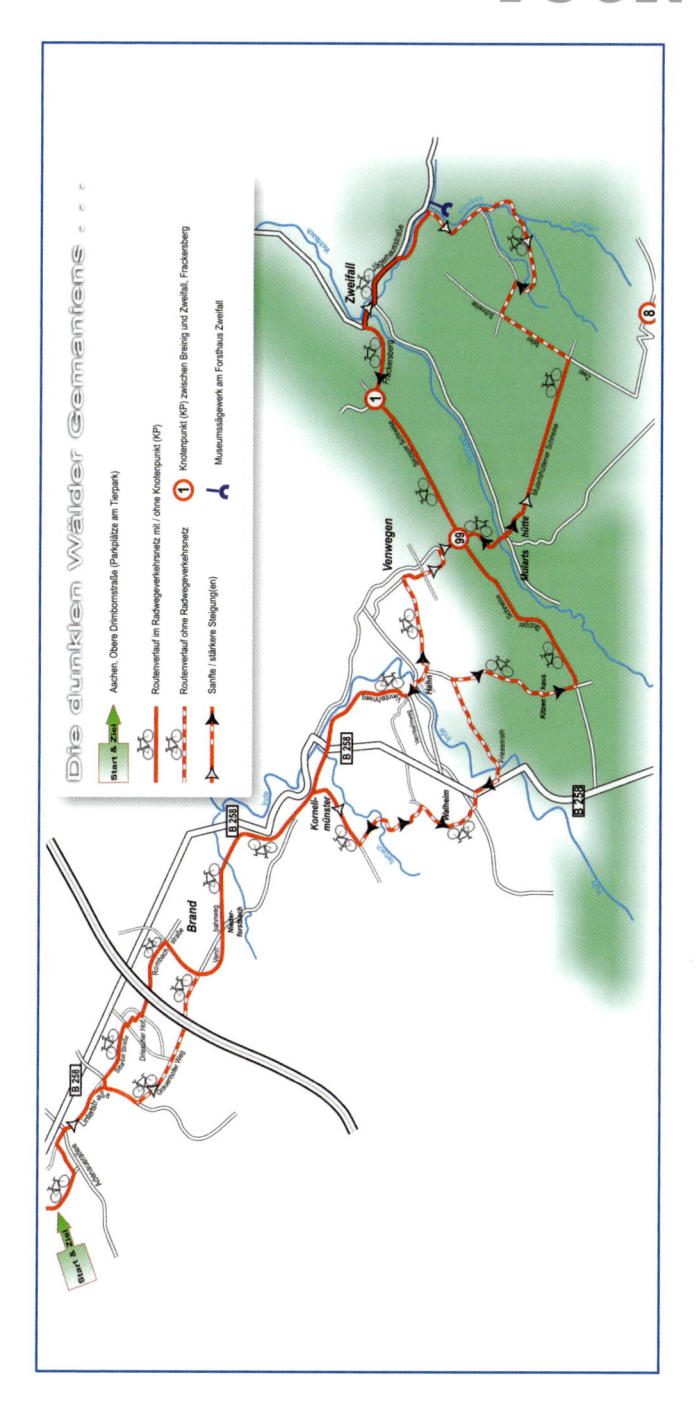

107

TOUR 10

TOUR 10

Auf Wegen des Forstmeisters Oster
Durch den Aachener Stadtwald

Dichter Eichen-Buchen-Mischwald reichte zur Zeit Karls des Großen noch von der Maas über Rur und Erft bis an den Rhein, von den Erkelenzer Börden im Norden bis an die Ardennen im Süden. In den Niederungen der Wasserläufe gab es Auen, Wiesen, sogar Sümpfe.

Die in den folgenden Jahrhunderten wachsende Bevölkerung brauchte immer mehr Siedlungsraum, Wälder wurden gerodet für Hausbau, Feuerung von Kupferöfen in der mittelalterlichen Stadt, zum Herstellen der Aachener Nadeln, Waschen und Färben der Aachener Tuche. Brotbacken, das Kochen und Heizen der Wohnungen erforderte beträchtliche Holzmengen aus dem umliegenden Wald. Selbst die Nutzung der Steinkohle zu gewerblicher Beheizung im 14./15. Jh. verringerte kaum den Holzbedarf.

Baumbestände reiften (normal 100-120 Jahre) erst gar nicht mehr aus – man kappte die Bäume alle 20 Jahre kurz über dem Boden. Aus den alten Wurzelstöcken schlugen dann neue Triebe aus, die in der kurzen Wachstumsperiode wohl nur noch Stangenholz bis zu 10 m Höhe lieferten. Einige, wenige Bäume ließ man auch groß werden für Bucheckern und Eicheln, die für die Schweinemast dringend notwendig waren. Aus dichtem, dunklem Hochwald entwickelte sich ein lichtes Gehölz, dem der Aachener zu Recht den Namen *Bösch = Busch* gab. Mit wenig Aufwand lieferte er gute Erträge. – Mit Beginn dieses Jahrhunderts gewinnt die Holznutzung zum Beispiel zu Heizzwecken wegen ihrer Umweltfreundlichkeit durch den Einsatz modernster Technik wieder an Bedeutung.

Umso erstaunlicher, dass gegen Ende des 19. Jh., also in der Zeit kapitalistischen Denkens bei der Industrialisierung, der Rat der Stadt im Dezember 1882 seinen Plan umsetzte, den Wald vom Nutz- zu einem Erholungswald für die schwer arbeitende und in ziemlich beengten Verhältnissen lebende Bevölkerung umzugestalten. Der Niederwald wandelte sich in einen Erholungswald und letztlich in einen Hochwald. Auch entstand ein Netz fester Wege, sodass man den Wald besser befahren und vernünftiger bewirtschaften konnte. Der Ausbau erfolgte nach den Plänen des ersten hauptberuflichen Forstamtsleiters der Stadt, Franz Oster – der Osterweg erinnert an ihn. Einige jener Wege befahren Sie bei dieser Tour; allerdings sieht der Öcher Bösch heute wohl anders aus. Erleben Sie ihn, wie er jetzt ist.

Folgende Punkte werden angesteuert:
Adamshäuschen • Pilgerweg • Mulleklenkes • Waldschenke • Osterweg • Lizenshäuschen • Waldstadion • Waldfriedhof • Beverbach • Zyklopensteine • Köpfchen • Hühnertal • Entenpfuhl

Streckenlänge: ca. 25 km

Starten Sie vom **Parkplatz** am Ende des **Preuswegs**, nahe dem Forsthaus **Adamshäuschen**. Es geht **links** den **Karlshöher Talweg** hinauf bis zur Schutzhütte (Pilzform). Hier biegen Sie **rechts** ab in den **Moresneter Weg** und mühen sich noch immer aufwärts. Oben biegen Sie nicht ab, sondern bleiben noch auf diesem alten Pilger- bzw. Bittweg[1]; daher wohl die Vielzahl der Gedenkkreuze. Die Grenze nach Belgien überschreiten Sie bitte nicht. Sie ist kenntlich durch den Landgraben und einige rostige Eisenstäbe am Wegesrand.

Höcker im Westwall

An dem nach rechts und auch nach links verlaufenden Querweg entdeckt man noch Reste des ehemaligen Landgrabens (hier von 1611), der seit dem 15. Jh. in einer Gesamtlänge von etwa 70 km

---

[1] Zur Kapelle in Moresnet-Chapelle.

TOUR 10

Reichsgrenze mit Adlerstein

Mulleklenkes

das „Aachener Reich" abgrenzen und schützen sollte. Verwachsene Buchenbäume säumen ihn, auch ein Adlerstein, als Grenzstein aus jener Zeit, steht noch auf dem jetzt abgeflachten Damm.

Hier biegen Sie **links** vor dem „Landgraben" ab in den **Waldweg**. Bald taucht links der *Mulleklenkes* auf, ein schlanker Fernmeldeturm von etwa 160 m Höhe. An ihm vorbei gelangen Sie zum **Backertsweg**, dem Sie **links** aufwärts folgen bis zum **Karlshöher Hochweg**. Hier geht es rechts ab. An der Schutz- und auch Grillhütte haben Sie ggf. einen weiten Blick ins Nachbarland Belgien. Nun rollen Sie abwärts bis zur **Lütticher Straße**.

Osterweg

Hier fahren Sie nach **rechts** und überqueren sie nach etwa **150 m** – Vorsicht ist geboten. Dort geht es **rechts** aufwärts. Oben wählen Sie den nach **links** führenden Weg, den **Osterweg**.

Sie kommen am Brandenberg entlang zur Kreuzung **Siebenwege**. Eine Schutzhütte mit Rettungsstationsschild und eine Übersichtstafel dokumentieren den Forst als Erholungswald. Fahren Sie den Osterweg, ab hier auch *GrenzRoute Nr. 5*, geradeaus weiter. Er ist Teil eines Forstlehrpfades, der – angelegt für interessierte Spaziergänger – durch Infotafeln gute Hinweise auf wenige Anschauungsobjekte bietet. Sie stoßen auf einen Querweg, nach **links** als **Düsbergweg** gelangen Sie nun zügig bergab und kurvenreich bis nach **Linzenshäuschen**.

> Von den zahlreichen, um die Jahrhundertwende entstandenen Waldrestaurants und -cafés ist dies eines der wenigen, die noch erhalten sind. Die Bruchsteingebäude sind allerdings viel älter. Der Turm war Wachtturm am *Landgraben* und wird schon 1458 urkundlich erwähnt. – Auch das „Forsthaus Adamshäuschen" soll auf einen solchen Wachtturm zurückgehen.

Überqueren Sie mit der nötigen Vorsicht die **Eupener Straße** und radeln **links**. Schon bald biegen Sie **rechts** ab in den **Pommerotter Weg**, überqueren in seiner Senke den Kupferbach und kommen **geradeaus** in den Wald an einen Querweg, den **II. Rote-Haag-Weg**, dem Sie nach **links** folgen bis zu einer Brücke über den Kupferbach. Dahinter **rechts** abbiegend, entdecken Sie links die Stauanlage Kupferbach mit Kinderspielplatz, später das Waldstadion und nach rechts die Wiesen von *Gut Waldhausen*.

Stauweiher Kupferbach

So gelangen Sie zum **I.-Rote-Haag-Weg**, rechts abbiegend erreichen Sie die **Monschauer Straße**, der Sie **rechts** aufwärts bis zur Einfahrt zum **Waldfriedhof** folgen. Da geht es **links** ab, über den Parkplatz und **rechts** aufwärts auf den Wald zu. Dann sind Sie auf dem **Wildparkweg** und fahren nach **links**. Bald zweigt **rechts** der

TOUR 10

Dornbruchweg ab, gekennzeichnet auch mit einem **Zwischenwegweiser** des Radwanderwegenetzes. Bergab gelangen Sie an den **Brückchenweg** mit Wanderwegtafel. Den geradeaus weiterführenden Dornbruchweg **verlassen** Sie hinter der Wegekreuzung in den nach **halb links** verlaufenden, schönen Waldweg. So gelangen Sie bald unmittelbar an den hier links von Ihnen mäandrierenden Beverbach. Am Ende diese Weges machen Sie einen **Rechtsschwenk** zum Dornbruchweg. Er biegt nun deutlich nach rechts ab; auch Sie tun das und erreichen bald die **Monschauer Straße** an einem Waldparkplatz (Infotafel).

Beverbach im April

Jenseits der verkehrsreichen Monschauer Straße führt Sie der **Stachelkreuzweg** schnurgerade weiter. Nach etwa **500 m** zweigt ein Weg **halb links** ab; leicht bergab rollen Sie nun bis zu einem rechts liegenden **Weiher** – die Quelle des Beverbachs.

Am Weiher entlang erreichen Sie den **Augustinerweg**, dem Sie nach **rechts** folgen und später mit einer mäßigen Steigung bis oben. **Hier** biegen Sie vom Augustiner Weg **links** ab in den **Waldweg** und bleiben auf ihm bis zum **Grenzgraben**.

113

> Erkennbar an Resten rostiger Stahlpfosten, basaltenen Grenzsteinen und verwachsenen Buchen, auch Teilstück des *Landgrabens* aus dem 14./15. Jh. und heute noch Grenze zwischen Deutschland und Belgien.

Radeln Sie auf **belgischer** Seite langsam nach **rechts** dahin; bald müssten Sie zur **Linken** große Sandsteinblöcke bemerken, die sich in den Boden ducken. Das sind die **Zyklopensteine**.

Kinder bei den Zyklopensteinen

> Riesen haben sie hier nicht abgestellt. Es sind verfestigte Sandablagerungen aus der Kreidezeit (vor ca. 30 Millionen Jahren). Und als in späteren Jahrmillionen der lockere Sand durch Erosion verschwand, blieben sie liegen.

TOUR 10

Am **Grenzstein 955** biegt der Landgraben **scharf** nach **rechts**; rollen Sie auf seinem Nebenweg hinab bis an die **Eupener Straße** in **Köpfchen**. Nach **rechts** geht es weiter und vorbei an Gebäuden der ehemaligen Grenzabfertigung. Nach den Häusern biegen Sie **links** ab in den **Rotsiefweg**. Rechts liegt *Gut Grenzhof*, eines jener Landgüter, die sich wohlhabende Bürger gegen Ende des 19. Jh. in Aachens Umgebung gewissermaßen als Sommersitz anlegen ließen.

Der schöne und kurvenreiche Rotsiefweg führt durch den Wald zunächst bergab und folglich auch wieder bergauf. Noch im Steigungsbereich treffen Sie auf eine **Infotafel**, wo nach **links** der **Hühnertalweg** ins schöne Hühnertal abzweigt.

Nach zahlreichen Biegungen treffen Sie am sogenannten *Schmalzloch* auf eine Schutzhütte. – Rechts aufwärts führt dort ein Weg auf den Klausberg mit Hügelgräbern aus der Bronzezeit (um 1500 v. Chr.); mit dem Rad etwas beschwerlich zu erreichen. Spazieren Sie doch zu Fuß dorthin.

Bleiben Sie auf diesem Weg – nun **Klausbergweg**; er führt Sie kurvenreich, dabei auch bergauf und bergab, um diesen Berg herum. Dann stößt er auf den **Entenpfuhler Weg**. **Rechts** ab kommen Sie am *Gut Entenpfuhl* vorbei, einem Gutshof aus dem 18. Jh., heute ein Waldrestaurant. Schwenken Sie am **Ende** des Parkplatzes[2] an der Straße nach **links** und radeln Sie **aufwärts** bis zu dem Punkt, an dem Sie beim Hinweg in den **Osterweg** abgebogen sind.

---

[2] Hier beginnt auch der „Jahrhundertweg", ein informativer Spazierweg, den das Forstamt 1982 zur Erinnerung an 100 Jahre Erholungswald angelegt hat. Lassen Sie sich demnächst mal von ihm leiten.

Von nun an radeln Sie **abwärts** bis zur **Lütticher Straße**, dort **rechts** hinab bis zum Restaurant „Waldschenke". Hier gibt es eine Querungshilfe über die **Lütticher Straße**, wo Sie nach **links** in den **Karlshöher Talweg** hinaufradeln. Auch er ist nicht ohne Kurven und leichtere Steigungen, führt oberhalb des Von-Halfern-Parks an einer Schutzhütte, auch Grillplatz, entlang. Zum Schluss können Sie Ihr Rad auf dem Parkplatz am **Forsthaus Adamshäuschen** ausrollen lassen.

Erholsame Fahrt!

TOUR 10

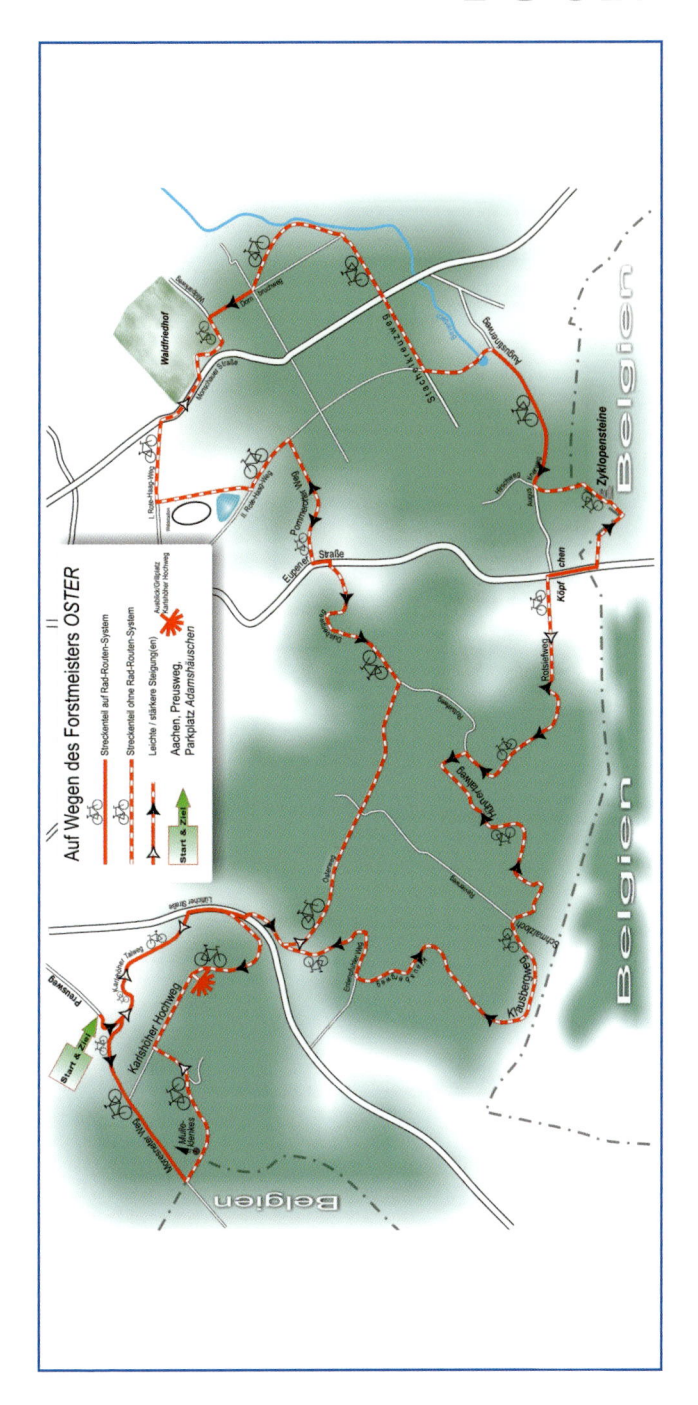

TOUR 11

TOUR 11

Die Stille spüren
Ins Erholungsgebiet Broichbachtal

Unseren Vorfahren gegen Ende des 19. Jh. ist es hoch anzurechnen, dass sie den Aachener Wald im Wesentlichen für Gesunderhaltung und Erholung der arbeitenden Bürger einrichteten. Wo dachte man sonst schon an die Arbeiterfamilien, ihre Gesundheit, ihre Freizeit? Allerdings konnte die Erholung der Werktätigen meist nur sonntags erfolgen, da der normale Arbeitstag zu lang war, um noch (meist zu Fuß) in den „Öcher Bösch" zu gelangen.

Entspannung gleich nach der Arbeit an der Maschine, am Ofen, im Streb? Ganz allmählich entstanden relativ betriebsnah oder unweit von Wohnsiedlungen Grüngürtel, in denen man ohne Mief, Abgase oder Lärm spazieren konnte. Solche Zonen luden ein zum Verweilen, Angeln im Weiher, Beobachten heimischer oder exotischer Tiere, zu einem Plausch am Springbrunnen. Auch körperliche Betätigung im Freien wurde modern, auf Trimmpfaden durfte man Kraft, Ausdauer und den Kreislauf trainieren, auf dem Weiher als meerfernste Landratte seinen Kahn als Freizeitkapitän „befehligen" oder in sommerlichen Freibädern emsiges Strandleben genießen.

Zu einem solchen Erholungsgebiet soll diese Route führen. Auch für Aachener ist es noch erreichbar; die Bürger Alsdorfs und Herzogenraths aber haben es vor ihrer Haustür – das Broichbachtal.

Die Tour führt über:
Würselen • Weiden • Euchen • Broich • Alsdorf • Noppenberg • Herzogenrath • Ruif • Wefelen • Bardenberg • Kämpchen • Rumpen • Berensberg

Streckenlänge: ca. 35 km

Ihre Runde beginnt auf dem Parkstreifen der **Merowingerstraße** in **Aachen**. Radeln Sie zur **Krefelder Straße, B 57**, dann **links** bis über die **Wurm** und danach geradeaus und unter der **Autobahn** weiter, bis der Radweg nach **rechts abwärts** zur **Untertunnelung** der B 57 hinabführt. Beschilderungen des Radwegeverkehrsnetzes zeigen Ihnen hier den Weg und die Richtung, nämlich **Würselen** und **Knotenpunkt**[1] **Nr. 74**. Aber Achtung! Unten erwartet Sie nach kurzer Abfahrt ein scharfer **Rechtsschwenk**. Und es geht **steil hinauf** zu einer **Wegekreuzung** vor einem Gehöft. **Geradeaus** radeln Sie auf einer ehemaligen Bahntrasse, der Sie **links** und dem Richtungspfeil gemäß folgen. Nun kommen Sie auf „dampfzuggeeigneter" Steigung und landschaftlich schöner Strecke mitten hinein nach **Würselen**, **Markt**.

Hier bieten sich zwei Routenwege zum gemeinsamen Treffen am KP 76 an:

Routengeleitet fahren Sie vom **Markt** geradeaus zum **KP 74**, von dort zum nahen **KP 73** und halten sich an die **Pfeile** (neue wie ältere) durch stille, weite Felder und die Straßen in Euchen zum **außerorts** liegenden **KP 76**.

Seilscheibe des EBV im Park

Alternativ sollten Sie sich ab **Markt** an den genannten Straßen und Wegen orientieren, und zwar biegen Sie **rechts** ab und **hinauf**, **links** um Stankt Sebastian[2] herum, durch die **Sebastianusstraße**

Blühende, stille Felder

---

[1] Künftig **KP** genannt.

[2] Die Pfarrkirche ist eine bemerkenswerte, mächtige Anlage, die drei verschiedene Bauperioden vereint. Der Westturm aus Bruchstein stammt aus dem 12. Jh. Das Langhaus wurde 1725 von dem Aachener Baumeister L. Mefferdatis entworfen; 1906 wurde die Kirche im neobarocken Stil umgebaut und nach Osten erweitert.

TOUR 11

bis zur **ersten** Straße **links**, der **Driescher Straße**. Auf dieser Straße bleiben Sie auch nach der Rechtskurve, noch über eine Kreuzung hinweg zum **Salmanusplatz**. Hier fahren Sie **halb rechts** in die **Dobacher Straße** und an der **nächsten** Kreuzung **links** in die **Salmanusstraße**, radeln über den Umgehungsring hinweg in die Straße **Dommerswinkel**. Sie bleiben auf diesem Lauf und auch durch den **Rechts-links-Knick**. **Geradeaus** über die Schulstraße geht es weiter durchs **Helleter Feldchen**, Sie kreuzen die Parkstraße und fahren am Ende **halb links** in die **Weststraße**. An der nächsten Kreuzung halten Sie nach **rechts** in die Straße **Grüner Weg** und an der folgenden nach **links**; das ist **Zum Holzweg**. Den fahren Sie über die L 223 hinweg durch, bis Sie am Ortsrand von Euchen auf den Asphaltweg **Am Berg** stoßen. Jetzt müssen Sie rechts zum **KP 76**.

Geradeaus in Richtung **KP 78** fahren Sie zwischen Feldern sanft hinauf; oben, in einer leichten Rechtskurve, zweigt nach **links** ein **Weg** ab, von wo Sie **halb links** vor sich das Heilig-Geist-Kloster mit Internat und Gymnasium bemerken. **Durch**

Wildblumen in Euchen

diesen Weg **steuern** Sie darauf zu, d. h., **halb rechts** auf dem Weg mit dem **Gebüsch, Broicher Straße** (ohne Namensschild). Bald liegt rechts der *Broicher Hof* aus dem 12. Jh.

121

> Das ist der ursprüngliche Sitz der Adelsfamilie von Broich, die hier von 1372 bis um 1500 lebte; später wird der Broicher Hof in Dürwiß zum Familienstammsitz.

Dann erreichen Sie die **Hauptverkehrsstraße**, auch **Broicher Straße**, die Sie nur kurz **links** hinauffahren bis zur ersten Abzweigung **rechts**. Da hinein fahren Sie durch prächtige Felder und auf die *Broicher Mühle* zu.

> Häufig sitzen Angler am Mühlenteich und genießen ihr Hobby. Enten ziehen bedächtig ihre Bahn, Wasserhühner flattern aufgeregt. Rasten Sie auf einer Bank und freuen sich über einen Anblick wie aus einem Bilderbuch.

Strecke am Broichbach

Rechts neben der Mühle führt ein **Pfad** neben dem Broicher Weiher in den Wald an eine sandige **Böschung**; nach **links** Richtung **Alsdorf** verläuft Ihre Route. Vorerst noch im Wald fahrend, lässt Sie ein scharfer **Linksknick** wieder offenes Land überblicken, aber nur bis zur ersten Abzweigung **rechts** durch die Unterführung. Dahinter liegt weiter unten rechts die *Kranentalsmühle*; die Pfeile führen Sie fortan immer rechts neben dem Broichbach. So kommen Sie zur engen Kurve der Straße **Am Kellersberg**. **Gegenüber** fahren Sie in den breiten Waldweg und durch das Naherholungsgebiet Broichbachtal. Fahren Sie behutsam; hier spazieren oft viele Fußgänger. Beweisen Sie diesen, dass ein aufmerksamer Radfahrer weit weniger

TOUR 11

belästigt als ein Hund an zu langer Leine – oder gar einer, der frei umherläuft. Halten Sie die Richtung bei auch in der leichten Steigung bis zur Höhe. Nach links unten bemerken Sie den Kahnweiher. Ihr Weg, **Herrenweg**, endet an der **Theodor-Seipp-Straße** und nach **rechts** erwartet Sie eine Ampel an der **Würselener Straße, B 57**.

Gegenüber befindet sich das Haldengelände der Grube *Anna*. Dort fahren Sie **links** hinunter in Richtung **KP 27** und unten nach **rechts** in die Straße **Am Broichbach**.

> *Schloss Ottenfeld* wäre nur erreichbar, wenn Sie weiter auf der B 57 bleiben, bis nach rechts die Ottenfelder Allee (als Sackgasse) an der Banneuxkapelle vorüber dorthin führt. Ungefähr 40 m davor führt ein schmaler Pfad nach rechts durch das Gehölz und über ein Brückchen des Broichbachs zur Route zurück (nicht skizziert).
>
> Als Gutshof wird das Schloss um 1420 erwähnt; um 1500 gehörte es mit dem Umland den Kreuzbrüdern in Aachen; Weiteres über das Anwesen ging im Zweiten Weltkrieg verloren. Sicher ist, dass der heutige Bau durch Karl von Blanckart 1878 errichtet wurde.

Ab KP 27 liegt Ihr **nächstes** Ziel auf diesem Weg in Richtung **Herzogenrath**, auch Teil der „Wasserburgenroute". So radeln Sie genüsslich durch Wald und Wiesen dahin, immer den Broichbach begleitend über Straßen (Ottenfelder Allee, Römergasse, Am Erlenbruch[3], Bergerstraße). Dann befinden Sie sich mit einem Mal an einem **See** im **Naherholungsgebiet** von Herzogenrath. Verschiedene Bänke laden ein zum Schauen.

Naherholung in Herzogenrath

---

[3] Hier sollten Sie noch nicht nach links in die Straße Bergermühle Richtung KP 25 abbiegen!

Links fahren Sie um dieses Gewässer in Richtung HZ-Ruif, **KP 25**. **Im Ruif** heißt die Straße auch im **Weiler** Ruif; am **Ende** einer Linkskurve stehen Sie am **KP 25**.

Nun folgen Sie **rechts** dem Weg, dabei geht es am **Wald entlang** und auch **heftig bergauf** auf der **Feldgenstraße** durch **Wefelen**, dann auf dem **Finkenweg** Richtung **Niederbardenberg**; voraus sehen Sie den charakteristischen Wasserturm beim Bardenberger Krankenhaus. Nach **Überqueren** der **L 223**, Jüderstraße, fahren Sie durch die **Niederbardenberger Straße** und an der **Gabelung** in den linken **Teil** der **Dorfstraße**. Nach wenigen Metern sehen Sie rechts das älteste Haus Bardenbergs, das *Steinhaus*.

> Im ersten Viertel des 13. Jh. wurde der ehemalige Fronhof zu einer Wasserburg umgebaut. Sie wechselte öfters den Besitzer, erlitt Plünderungen und Brandschatzungen und wurde um 1560 durch einen Herrn von Zevell neu errichtet. Sein Wappen ziert noch den heutigen Bau, der aber nicht mehr ganz aus dem frühen 16. Jh. stammt, da Brandschatzungen und Umänderungen das ihrige taten; Maueranker zeigen Zahlen aus dem 18. Jh.

So radeln Sie durch die Straße **Steinhaus**, ziehen über die **Heidestraße** geradeaus in die **Ather Straße** und **halb rechts** in die **Mühlenstraße**, die zur *Alten Mühle* leitet. Fahren Sie nun **über** die **Wurm** und dann kurz hintereinander **2 x links** in Richtung **KP 10**. Hinter fruchtbarem Ackerland folgt ein Waldstück, durch das Sie über den KP 10 **hinaus** zur **L 23, Rolandstraße**, kommen. Hier geht es **rechts** ein Stück aufwärts und in einer Rechtskurve bei den ersten Häusern des Ortsteils **Kämpchen links** in den **Rolandhof**.

Auf einer ehemaligen Bahntrasse können Sie gemütlich daherfahren bis zur **Rumpener Straße**. **Links** radeln Sie, später gibt es auch einen Radweg durch **Berensberg**. Den ganzen **Soerser Weg** rollen Sie zunächst **abwärts**, dann neben dem Reitturniergelände weiter zur **Kreuzung** an der **Sankt-Andreas-Kirche** und jetzt **links** in die **Merowingerstraße** hinein.

Ruhige Runde!

TOUR 11

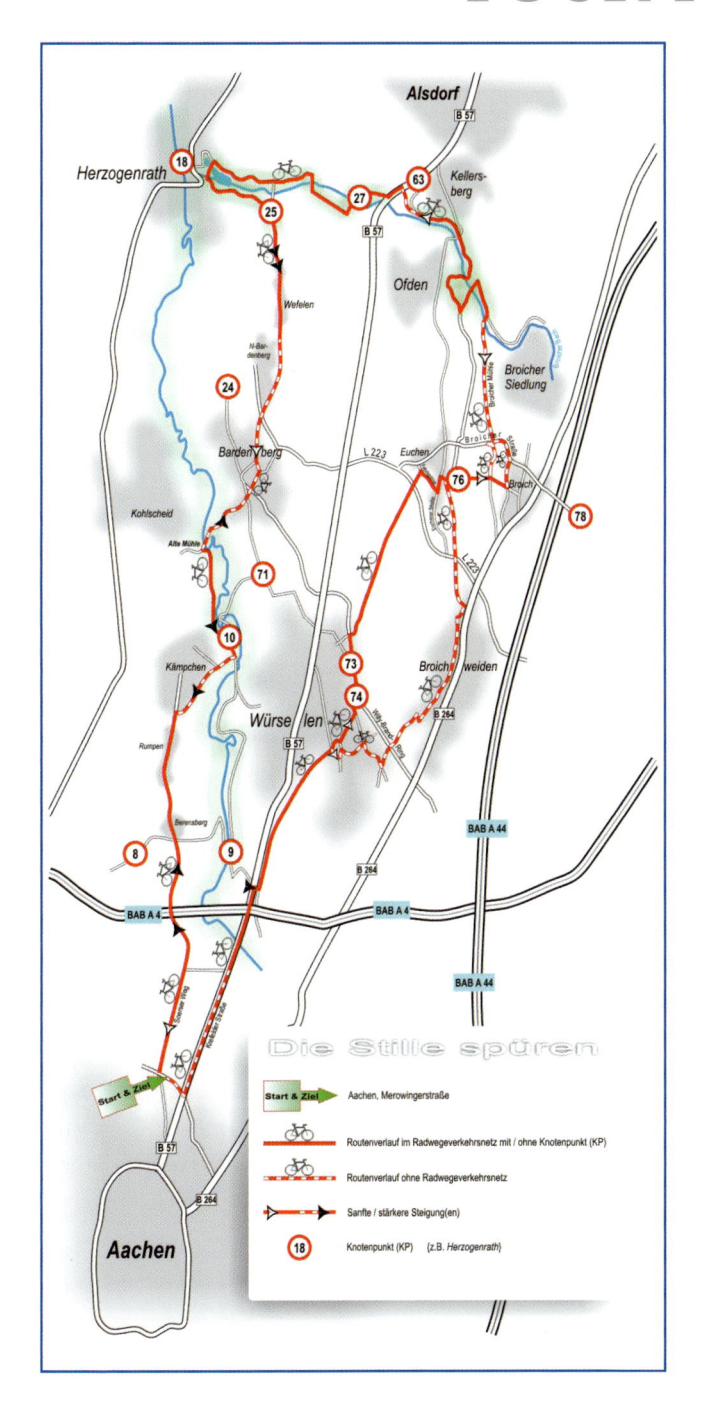

125

TOUR 12

TOUR 12

Über den Wolken ...
Zum Flugplatz Merzbrück

Beim Anblick eines Heißluftballons möchte man auch gleich davon-„fahren", losgelöst von aller Erdenschwere sich treiben lassen, die Welt unter sich betrachten, als gehöre man nicht mehr dazu, stehe gewissermaßen über allem. – Freizeit total! Natürlich ist das alles Illusion. Realistisch gesehen, ist der Ballon da oben abhängig von seinem Gewicht, dem Temperaturunterschied zwischen Außen- und Innenluft und vor allem vom Wind, der ihn dorthin treibt, wohin er weht, nicht unbedingt dahin, wohin der Luftschiffer möchte. Da haben es Segelflieger schon besser: Sind sie einmal oben, können sie geschickt Aufwindzonen nutzen, um sich darin hochzuschrauben; und ihren Kurs legen sie weitgehend selbst fest. Lautlos gleiten sie dann dahin, gleich dem Albatros über den Weltmeeren. Lauter, brummiger, bulliger sind dagegen Sportflugzeuge oder kleine Verkehrsmaschinen; dafür benötigen sie nicht einmal Aufwinde. Sie wirken tatsächlich frei; wobei man allerdings beachten muss, dass es zur Fliegerei einer gehörigen Portion Kenntnisse, Erfahrung und Geschick bedarf: Radfahren ist hingegen ein weit weniger kompliziertes Hobby. Und mit dem Rad können Sie dorthin gelangen, wo Segelflieger und Sportflugzeuge starten, ihre Kurven ziehen und landen. In beschaulicher Gelassenheit können Sie dem Treiben zusehen. Fahren Sie zum Flugplatz Merzbrück!

Vielleicht pausieren Sie länger zur Beobachtung des Fluggeschehens. An Wochenenden und Feiertagen mit schönem Wetter ist naturgemäß am meisten zu sehen.

Die Tour führt über:
Aachen, Merowingerstraße • Würselen • Broichweiden • Merzbrück • Würselener Wald • Verlautenheide • Haaren • Aachen, Merowingerstraße

Streckenlänge: ca. 30 km

Starten Sie Ihre Tour in der Aachener **Merowingerstraße** und radeln nun Richtung **Krefelder Straße** und als **Linksabbieger**

Tivoli

auf der B 57 am neuen Tivolistadion vorbei stadtauswärts bis zum **Eulersweg** –
oder
beginnen Sie diese Tour dort **alternativ** entgegengesetzt in Richtung **Soerser Weg**. Als **Rechtsabbieger** geht es hier hinter dem Reitturnierstadion vorbei **stadtauswärts**. In die nächste Straße rechts, Eulersweg, biegen Sie ab und kommen an der Justizvollzugsanstalt entlang auch zur **Krefelder Straße**.

Auf der Krefelder Straße geht es jetzt **routengeführt** auf einem **Radweg links** weiter, noch unter der **Autobahn** (BAB) hindurch, bis der Radweg an die **Untertunnelung** der **B 57** geführt wird. Sie sollten hier **besonders achtsam** sein! Ihre Strecke verläuft nun **scharf** nach **rechts** und **sofort** ein **kurzes** Wegstück **sehr steil bergauf** zu einer Wegekreuzung[1].

Hier geht der Fahrweg **geradeaus** Richtung **Würselen** weiter. Wählen Sie **nicht** den beschilderten Weg nach links, **sondern** den

Ravelsberg, am Horizont Berghalden

---

[1] Diese Wegekreuzung können Sie auch alternativ ansteuern, wenn Sie an der ersten Ampelanlage der BAB rechts in die Straße **Strangenhäuschen** fahren, etwa 150 m danach links in die **Friedenstraße** und ihr auch leicht bergan folgen, um dann alsbald nach links in die **Friedenstraße** (Schild mit Hausnummer) abzubiegen. Sie unterqueren neben der ehemaligen Bahntrasse (Aachen-Nord-Jülich) voraus die BAB bis zum vorgenannten **Punkt**.

TOUR 12

geradeaus, der Sie später etwas mühsam auf den **Ravelsberg** hinaufbringt, unter dem sich ein NATO-Treibstofflager befindet. Nach Einmünden in die Ravelsberger Straße ziehen Sie noch **kurz** weiter. Nach **rechts oben** führt der Weg Sie auf ein **Gebüsch** zu, wo Sie etwa 60 m an **Höhe** „gewonnen" haben! Erfreuen Sie sich nun an der Aussicht auf einer Ruhebank.

Von hier geht es zwischen Wiesen hinunter zur **Haaler Straße**, gegenüber weiter und an Gärten von Einfamilienhäusern entlang zur Straße **Am Alten Kaninsberg**. Hier fahren Sie **links** und erreichen bald die **Oppelner Straße**. Gegenüber beginnt die Straße **Mauerfeldchen**; mit Zwischenwegweisern des Radroutensystems kreuzen Sie die **Dobacher Straße** in die **Salmanusstraße**. Über den **Willy-Brandt-Ring** hinweg gelangen Sie in die **Dommerswinkel** genannte Straße, deren winkeligen Verlauf Sie mitmachen bis zur querenden **Schulstraße**; da lenken Sie nach **rechts**. Nun in Broichweiden hilft Ihnen eine **Ampel**, die stark befahrene Hauptstraße gegenüber in die **Friedhofstraße** fahren. An der folgenden Kreuzung mit der **Feldstraße** radeln Sie **links** und sogleich **rechts** in die **Kerstengasse**.

Unterfahren Sie die Autobahn; am **Kreisverkehr** können Sie auf dem Radweg der neuen Umgehungsstraße direkt zur **B 264**, der **Eschweilerstraße**, gelangen, um auf dem Radweg nach rechts Richtung Flugplatz voranzukommen. Am Kreisverkehr könn(t)en Sie aber etwa **700 m** in der **alten** Richtung auf dem Weg weiterfahren, biegen dann **links** ab in den am **Westrand** des Flughafens vorbeiführenden[2] Weg zur **Eschweilerstraße**. Den Radweg benutzen Sie nach **rechts**.

Berechtigtes Warnen vor Tiefliegern?

---

[2] Hinweise auf der Fahrbahn warnen vor tiefliegenden Flugzeugen.

Auf der Eschweilerstraße fahren Sie weiter und noch über das **Eisenbahngleis**. Dann geht es auf der Route „Stolberg/AC-Verlautenheide" **rechts** auf das **Steinbruchhaus** zu. Dieser Weg schwenkt zwar nach rechts auf das Bahngleis zu; Sie aber nehmen den **links** abzweigenden Weg (u. a. Hundeschule beschildert) und kommen am **Steinbruchhaus** vorbei, danach **unter** der Autobahn hindurch.

Bitte, jetzt sofort **rechts** abbiegen, und zwar parallel zur Autobahn weiterfahren. Am Waldrand **knickt** der Weg **halb links** ab, führt kurz an die **Bahntrasse** mit Übergang heran; Sie halten sich abermals **halb links**. So radeln Sie auf die nächste **Wegekreuzung** zu, dort nach **rechts** in den **Steinbachhochwald** genannten Weg und an der unter prächtigen Bäumen gelegenen Waldgaststätte „Steinbachhochwald" vorbei. Bald folgt dieser Weg nach links der Bahnlinie und an eine von **rechts** einmündende Straße; hier werden Sie nach **rechts** über den Bahnübergang geführt, Richtung „Würselen/AC-Verlautenheide", in den **Hochwaldweg**. Sie bleiben auf diesem Weg, kommen noch am *Forsthaus Weiden* vorbei zum **Broichweidener Weg** und müssen hier nach **links**. An der nächsten Einmündung fahren Sie **rechts** in den **Kleinheider Weg**. Sie fahren später über die Autobahn und bis zur **Kirche** in **Verlautenheide**.

Fahren Sie ein kurzes Stück die **Verlautenheidener Straße** nach **rechts** und biegen in die **erste** Straße (Fußgängerampel) **links** ein, den **Heider-Hof-Weg**. Am Ende werden Sie nach **rechts** über die Autobahn geführt, schwenken sogleich nach **links**, um bei der Schutzhütte mit Infotafel „Haarberg" **halb rechts** diesen Berg hinaufzuradeln zum **Haarener Kreuz**[3].

Abfahrt vom Haarberg

---

[3] Gönnen Sie sich hier Zeit, um die Aussichten auf die Umgebung zu genießen!

TOUR 12

Wieder **zurück**, fahren Sie an der Infotafel **rechts** und „**fliegen**" den später abschüssigen **Lindenweg** hinab nach **Haaren**. Sie stoßen auf die **Tonbrennerstraße**, biegen hier nach **links** ab, **überqueren** die verkehrsreiche **Haarener Gracht** und schwenken am Ende **rechts** in die **Akazienstraße**. Sie gelangen nun **routengeführt** in die Straße **Auf der Hüls**, folgen nun **kurz** nach **links** und sofort **rechts** in die **Hofenburger Straße** bis an deren Ende und noch über das Bahngleis hinweg.

Aufmerksame Eltern an der Radroute

Nun stehen Sie am **Ende** der **Neuköllner Straße**. Folgen Sie dem **Zwischenwegweiser rechts** ins Grüne mit einem Teich und Parkanlagen an der Wurm. Unmittelbar **neben** dem **Bach** fahren Sie dabei **unter** dem **Berliner Ring** daher und müssen dann aber ein **kurzes, sehr steiles** Stück den **alten** Berliner **Ring hinauf**. Jetzt gelangen Sie **schräg gegenüber** auf jenen Radweg, der Sie **weiter** an der Wurm **entlangführt**; an der Brücke noch geradeaus haltend, kommen Sie bis in Sichtweite von *Gut Kalkofen*.

> Erstmalig erwähnt wird die ehemals trutzige Wasserburg um 1437, vermutlich ist sie aber mehrere Generationen älter; 1739 kaufte das heruntergekommene Gut der reiche Tuchhändler und Bürgermeister Wespien, der es mit großem Aufwand durch den berühmten Aachener Architekten J. J. Couven zu einem Rokokoschloss mit prächtigem Park umbauen ließ. Hier ist Couven eine glückliche Synthese zwischen mittelalterlichem Trutzbau und lieblichem Landschloss gelungen, wenngleich man vom ehemaligen Prunk nicht mehr viel sehen kann.

Wieder **zurück**, radeln Sie auf dem **jenseitigen** Wurmuferweg **stadteinwärts** und mit kurzer Steigung hinauf zum **Europaplatz**, dort in Richtung **Zentrum** und vor der Ampel **rechts** in die **Dennewartstraße**. Ihr folgen Sie über die Kreuzung **Jülicher Straße** gegenüber in die leicht ansteigende **Lombardenstraße**. Oben fahren Sie geradeaus in die **Passstraße**. Am links liegenden Farwickpark entlang kommen Sie zur **Krefelder Straße**; gegenüber sehen Sie schon die **Merowingerstraße**.

Frohes Schauen!

TOUR 12

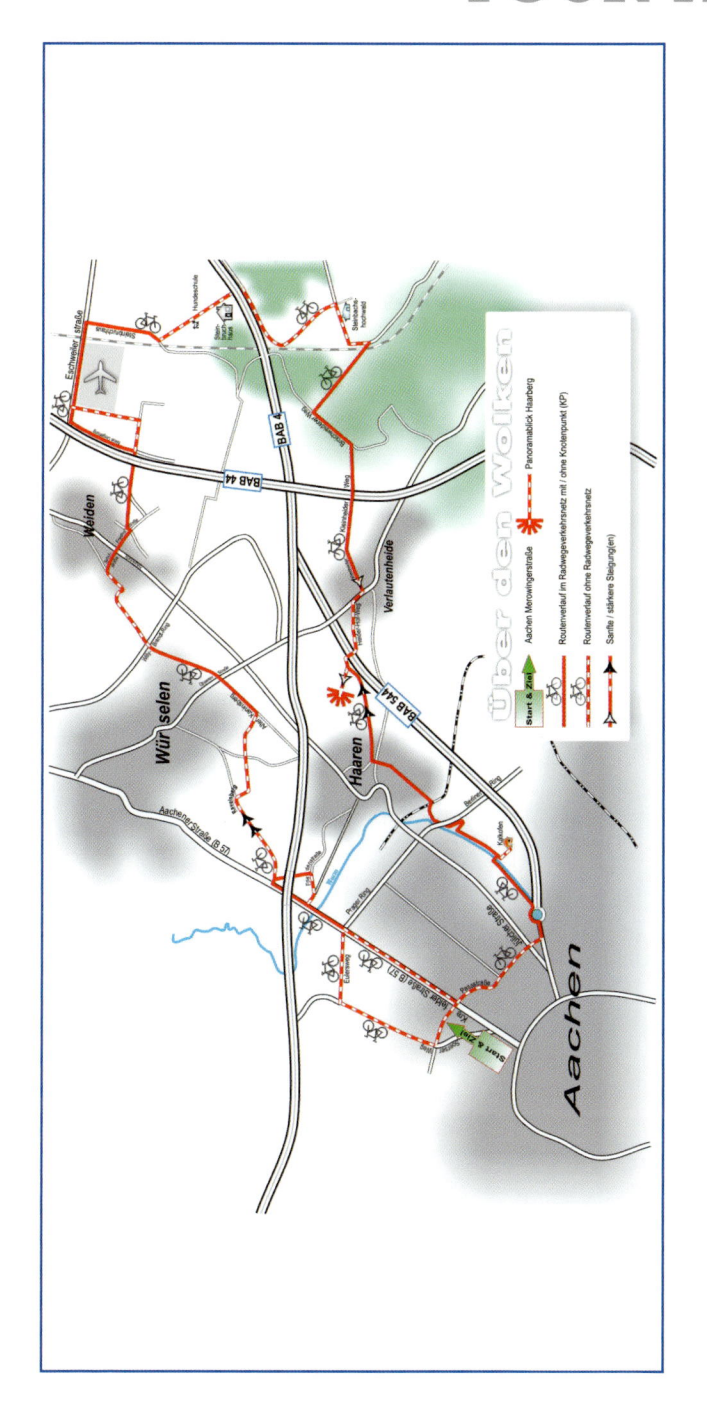

TOUR 13

TOUR 13

Wovon die Menschen leben
Landwirtschaft in Aachens Nordwesten

Die bisherigen Routen führten meist zu Stätten vormaliger oder derzeitiger Gewinnung von Bodenschätzen oder des Gebrauchs der Wasserkraft. An der wichtigsten Nutzung des Bodens fährt man dabei fast achtlos vorüber; gemeint ist die Landwirtschaft. Was nützt es dem Menschen, nach Schätzen zu graben, wenn er sich nicht ernähren kann? Für Bodenschätze gräbt der Mensch ganz tief ins Felsgestein; Getreide, Kartoffeln, Gemüse oder Rüben benötigen nicht mal 1 m, selbst unsere Obstbäume beanspruchen nur bescheidene Tiefe. Die Gräser unserer Weiden sind dabei wohl am genügsamsten; sie kommen mit rund 20 cm aus.

Intensive Arbeit, sorgfältige Forschung und Züchtung und ein vernünftiger Einsatz natürlicher und künstlicher Mittel haben in unserer Zeit die Landwirtschaft in die glückliche Lage versetzt, mehr erzeugen zu können, als für die Ernährung der Menschheit notwendig wäre. Schon immer gehörten zur Aachener Pfalz besondere Höfe im Nordwesten Aachens, die zur Ernährung der Bewohner des Regierungssitzes beizutragen hatten. Als die Residenz an Bedeutung verlor, dafür die Stadt an Macht gewann, zählten die Dörfer im Gebiet der Bannmeile mit zu ihrem Einfluss und Herrschaftsbereich, und schon früh (1336) wurde dem Rat der Freien Reichsstadt durch Kaiser Ludwig den Bayern (1314-1347) bestätigt, dass die Dörfer im Nordwesten, Norden und Osten zu Aachen zählten. Von da an spricht man vom **Aachener Reich**; und die Stadt sicherte ihr Territorium ringsum durch einen *Landgraben*, von dem selbst heute noch Reste vorhanden sind.

Durch den Nordwesten fahren Sie bei diesem Rundkurs durch Wiesen und Äcker, auch an alten Höfen vorbei in einen Bezirk mit fortschrittlicher Landwirtschaft. Es zeigt aber auch, dass solche genutzten Flächen immer kleiner werden.

Die Tour führt über:
Aachen • Vaalserquartier • Lemiers • Orsbach • Vetschau • Horbach • Fronrath • Haus Heyden • Hof Geucht • Kohlscheid • Richterich • Laurensberg • Seffent

Streckenlänge: ca. 40 km

Beginnen Sie Ihre Tour in **Aachen, Johannes-Ernst-Platz**, und fahren auf dem Radweg des **Amsterdamer Rings** nach **rechts**. Bald schwenken Sie nach **rechts** in den **Hanbrucher Weg**.

> Die hier zwischen Wiesen liegenden Höfe *Neuenhof* (rechts), *Blockhaus* (links unten) und der jetzige Bio-Landhof *Hasselholz* (15. Jh.) gehörten einst dem Domkapitel. Das weiße Blockhaus wurde im frühen 18. Jh. neu erbaut, die Wirtschaftsgebäude 1876.

Nach **halb rechts** folgen Sie hier am Stadtrand dem wegweisenden Schild des Radverkehrsnetzes NRW. Zwischen Wiesen radeln Sie bergauf, genießen oben schöne Fernsichten, nun hinab zur Eisenbahnlinie, dort **rechts** weiter zur Bahnunterführung. Nach **links** steuern Sie auf das Wohnviertel „Steppenberg" zu. Nach der **Bachquerung** sogleich (routengeführt) nach **rechts**, gelangen Sie noch einmal **links** und wieder **rechts** in die **Steppenbergallee** und zur Ampel an der **Vaalser Straße**. Auf dem **Radweg** fahren Sie nach **links**, radeln ganz hinab, beachten vielleicht rechts in den Wiesen *Gut Pfaffenbroich*, früher ganz von Wassergräben umgeben.

Hier, in **Vaalserquartier**, biegen Sie hinter dem **letzten** Haus **rechts** ab und in die **Grenzstraat**. In der Fahrbahnmitte bemerken Sie geprägte Nägel, die den Grenzverlauf aufzeigen.

Es geht bald über den Sensersbach und danach sanft aufwärts zum **Knotenpunkt**[1] **95**; Sie fahren nun in Richtung **KP 94**. Und es geht gleich **links** hinunter auf den **Senserbachweg** ins Dorf **Lemiers**.

---

[1] Künftig **KP** genannt. Dieser KP gehört zum niederländischen Radroutensystem als grenzübergreifende Markierung.

Blick von Orsbach übers Senserbachtal

> Der Senserbach in seinem schönen Tal markiert schon seit Jahrhunderten die Grenze des Aachener Reiches. In Lemiers wecken weiß gekälkte Mergelsteinhäuser Erinnerungen an die gute, alte Zeit, gelegen am wichtigen Verkehrsweg zwischen Maastricht und Aachen, der die Furt zu Ihrer Linken nutzte.

Sie aber radeln **geradeaus** und streben Richtung **KP 96** in **Orsbach** zu. An der anfangs kurvenreichen Straße, **Lemierser Berg**, liegt die alte *Burg Lemiers*, eine wuchtige Anlage aus dem 16./17. Jh. mit noch älteren Kellergewölben.

> Auf der Höhe, zu Beginn Orsbachs, sollten Sie sich einen schönen Ausblick über das Senserbachtal gönnen! Es wird Sie gewiss nicht wundern, dass im Ort, Düserhofstraße 60, ein Wachtturm des Aachener Reiches stand. Die unteren Geschosse stehen noch. Die Orsbacher Burg soll im 13. Jh. auch der vornehmen Aachener Familie von Orlouesberghe Wohnstatt gewesen sein.

Die Reste des aus dem 15. Jh. stammenden Wachtturms erreichen Sie, wenn Sie einen **Abstecher** nach **links** in die **Düserhofstraße** machen.

Ohne Burg müssen Sie im Ort **rechts** in die **Düserhofstraße** abbiegen, benannt nach dem links liegenden *Düserhof*. Er wurde als Karthäuserhof schon 1365 erwähnt, aber zu Anfang des 20. Jh. stark umgebaut. Biegen Sie dann **links** ab in die **Nonnenhofstraße**. Links liegt der Nonnenhof, der seit dem 14. Jh. den Nonnen der (ehemaligen) Reichsabtei Burtscheid gehörte. Die Straße macht dann als **Orsbacher Straße** eine **Rechtskurve** und steigt ziemlich an; oben steht links der Wasserbehälter *Kirschbäumchen* von 1919.

Kurz danach schwenken Sie in die Straße **links**, **Vetschauer Berg**, und folgen ihr auch nach **rechts**. Sie radeln am *Paulinenhof* vorbei. Im Kern stammt er aus der Zeit um 1700; die weithin sichtbaren Überreste der Windmühle wurden im frühen 19. Jh. errichtet. Weiterfahrend, kommen Sie bald am *Gut Vetschauer Berg* vorbei und durch ein **Wäldchen**; am Ende wartet eine Bank mit weiter Fernsicht.

Blühender Raps; am Horizont Halden des Steinkohlenbergbaus

Nun rollen Sie **abwärts** bis direkt **an** die **Autobahn**. Nach **links** geht es an der Autobahn entlang bis zur **Unterführung**. Hier biegen Sie **rechts** ab, fahren über eine **Brücke** der Bahnstrecke Aachen-Maastricht und auf der **Bocholtzer Straße** in das schöne Dorf **Vetschau**.

> Es gehört zur Großstadt Aachen, aber von Stadtnähe ist hier nichts zu spüren; ringsum ruhige, dörfliche Idylle. Bald kommen Sie an zwei auffälligen Höfen vorbei: Links steht der sogenannte *Kleine Hof*, der aber dennoch stattliche Ausmaße hat. Im Innenhof können Sie drei verschiedene Baudaten aus dem 18. Jh. ablesen und an der Außenseite sind nochmals zwei Jahreszahlen vermerkt: 1774 und 1787, vermutlich alles Daten gründlicher Renovierungen oder Vergrößerungen. Gegenüber liegt der *Große Hof*; seine Kreuzsprossenfenster deuten ein etwas höheres Alter an.

Am Ende dieser Straße schwenken Sie **links** in die **Laurensberger Straße**[2], durchfahren Vetschau und noch weiter durch die Felder. Links erkennen Sie die Vetschauer Windkraftanlagen sowie Gebäude des ersten grenzüberschreitenden Gewerbegebiets im Raum Aachen: Avantis.

---

[2] Wenn Sie nun rechts abbiegen, können Sie die Route um 15 km kürzen. Sie kreuzen die Bahnlinie Aachen-Maastricht; und weiter kommen Sie dann, wie in den letzten Abschnitten dieses Kapitels beschrieben.

TOUR 13

Sie radeln auf Ihr nächstes Ziel, **Horbach**, zu. An der **Kreuzung** mit dem links stehenden **Gedenkkreuz** fahren Sie nach **rechts** durch die **Oberdorfstraße**, Richtung **KP 2**. Sie kommen am ersten der großen, ehemals wasserumgebenen *Broicher Höfe* zur Rechten vorbei; achten Sie auf interessante alte und neuere Hausformen. Hier befinden Sie sich nicht mehr im Gebiet des ehemaligen Aachener Reiches, sondern im Ländchen zur Heyden, das um die Mitte des 14. Jh. als Unterbezirk im Herzogtum Jülich gegründet wurde.

> Am KP 2 steht die einschiffige Pfarrkirche Sankt Heinrich aus dem 15. Jh. mit Querschiff und Chor aus dem 19. Jh. mit interessanter Eingangshalle aus dem 17. Jh. Der Schmuck des Eingangsportals scheint nicht zu einer Kirche zu passen. Er soll aus Haus Heyden stammen; die Wappen derer von Bongart, Herren auf Burg Heyden, deuten darauf hin. Heinrich von Bongart ließ die im Krieg zwischen Spanien und den Niederlanden 1579 zerstörte Kirche im frühen 17. Jh. wieder aufbauen.

Sie müssen nun **links** die **Horbacher Straße** in Richtung[3] **Locht** (NL) befahren. Am **Ortsende** biegen Sie **halb rechts** ab auf den **Fronrather Weg** durch die Felder. Bald sind Sie am herrlichen Gutshof *Ober-Fronrath*, erstmals 1112 genannt.

Ober-Fronrath

> Der mächtige, vierflügelige Hof; wie er sich heute darstellt, stammt aus dem 17. Jh. und war ehemals von einem Wassergraben umgeben. Es folgen noch der weit schlichtere Hof *Mittel-Fronrath* (Ersterwähnung 1382) und der wieder etwas

---

[3] Hier könnten Sie abkürzen. Dazu müssten Sie lediglich auf dem Radweg der Horbacher Straße rechts bis zur Ampel vor der Kirche in Richterich fahren. Dort geht es rechts ab und dann folgen Sie den entsprechenden Abschnitten gegen Ende dieses Kapitels. Ihre Fahrt wird dann insgesamt ca. 30 km lang.

> stattlichere Hof *Unter-Fronrath* (1397), deren Gebäude nicht so alt sind wie Ober-Fronrath. Weiter voraus, in der Rechtskurve, liegt links unten der *Bückerhof*, der auf das 13. Jh. zurückgeführt werden kann.

Folgen Sie dem Fronrather Weg, dann am Amstelbach entlang in den **Heyder Feldweg** und als **Linksabbieger** vor das *Haus Heyden*.

> *Haus* ist eine sehr untertriebene Bezeichnung für diese Burganlage, die mit ihren beiden Vorburgen, den Wassergräben und hohen Wehrtürmen eine zu ihrer Zeit schwer einzunehmende Festung darstellte. Die Burg zeigt Bauten aus dem 14. bis 19. Jh. Sie war der Stammsitz derer von Bongart, der ersten Herren im Ländchen „zur Heyden" und auch der Letzten; denn um 1303-1375 und wieder von 1564 bis zur Auflösung aller kleinen Hoheitsgebiete nach dem Einmarsch der französischen Revolutionsarmee Ende des 18. Jh. war ein von Bongart Herr im Land „zur Heyden". Der zerfallene Bergfried der Hauptburg, umgeben von prächtigen Rhododendronbüschen, kündet von der Vergänglichkeit menschlichen Ehrgeizes und der Überlebenskraft der Natur. – Heute ist es eine private Wohnanlage.

Haus Heyden

Vom Eingangstor von Haus Heyden fahren Sie über den Amstelbach und nach **rechts** in die **Heydenstraße** Richtung **KP 5**; rechts liegt die *Obermühle*, eine ehemals wassergetriebene Getreidemühle, in der alle Bauern des Heydener Ländchens mahlen lassen mussten. Nach **rechts** in die **Scherbstraße** (Richtung **KP 2**) kommen Sie dann an der Kläranlage entlang weiter und noch vorbei an dem

TOUR 13

Kapellchen unter Bäumen. Dort führt nach **links** bergauf der **Pütz-Eich-Weg**. Inmitten landwirtschaftlicher Felder[4] radeln Sie zum **Geuchter Feldweg** und dort links ab zum *Geuchter Hof*, der nach links an einer prächtigen Allee[5] liegt. Nach ihm nennt sich schon 1240 eine adlige Familie. Die aktuelle Anlage stammt aus der Zeit um 1800.

Geuchter Hof

Von der Allee wenden Sie sich nach **links** in den **Geuchter Weg**, das ist Richtung Kohlscheid. Nun sind Sie unterwegs durch eine schöne Auenlandschaft **hinab** zum **Amstelbach**, **über** ihn hinweg und **durch** einen **Hohlweg** mit alten Bäumen **hinauf**, wo Sie nach **links** den Hinweisen zur **Amstelbachterrasse**[6] hoch über dem Bach folgen sollten.

Amstelbachterrasse

Wieder zurück, fahren Sie nach **Kohlscheid** und an der **Haus-Heyden-Straße** nach **rechts**. Sie kommen so **routengeführt** durch Kohlscheid und **Bank** in die **Banker Feldstraße**. **Außerhalb** von Bank stoßen Sie auf eine **Kreuzung**, beschildert nach **links** ist auch Richtung **KP 7** nach **Ürsfeld**. Dabei steuern Sie auf die Eisenbahnlinie zu, unterfahren diese und sogleich sind Sie in Ürsfeld. Am **Ortsende** steht das prächtige *Haus Ürsfeld*, einst großartiger Rittersitz.

---

[4] Hier finden Sie viele Schilder der „Bürgerinitiative B258nein".
[5] Hier sind sogenannte Kartoffel- und Obstkisten zur Selbstbedienung aufgestellt.
[6] http://www.pferdelandpark2008.eu/landschaftspark/02stationen/station09_amstelbach-terrasse/index.html

141

> Was Sie jetzt betrachten können, ist nur die Vorburg der ehemaligen Anlage, das Herrenhaus ist leider verschwunden. Urkundlich kommt Ürsfeld im Jahre 1288 zuerst vor, existierte aber bestimmt schon lange Zeit vorher. Die erhaltene Anlage ist ein vierflügeliger Ziegelbau aus dem 17. und 18. Jh.; im Turm rechts ist zum Garten hin die Jahreszahl 1611 eingemeißelt und im Innenhof gibt es am rechten Flügel einen Wappenstein mit dem Wappen des Ehepaares Hillenberg-Streithagen und der Jahreszahl 1663.

Gegenüber und neben dem Teich folgen Sie dem **Ürsfelder Fußpfad** in die Wiesen und fahren nach dem Amstelbach nach **rechts** durch den **Bahntunnel** nach **Richterich** in die **Amstelbachstraße** und an ihr Ende. An der **Horbacher Straße** schleusen Sie sich vorsichtig in den Verkehr nach **links** ein und biegen gleich an der Ampel nach **rechts** in die **Grünenthaler Straße** ab, die Sie, ohne abzubiegen, an einer Tennishalle vorbei zum Ende durchfahren, um dort nach **links** in den **Hufer Fußpfad** zu radeln, der in **Vetschau** am südlichen Rand der Bebauung endet. Etwas **geradeaus** müssen Sie noch, dann können Sie **links** einschwenken in die **Laurensberger Straße** nach Laurensberg. Am Haltepunkt Vetschau der Bahnlinie nach Maastricht und an drei alten Höfen, den *Niersteiner Höfen*, kommen Sie vorbei.

> Sie stammen aus dem 16. Jh.; Maueranker weisen auf bauliche Veränderungen um 1786 hin. Sie sind vermutlich die Nachfolger der früheren Vetschauer Burg, die 1388 zerstört wurde. Sie war wie in der Soers und in Seffent ein Nebenhof der Aachener Pfalz; und aus ihr wird sich der Ort Vetschau entwickelt haben.

Hinter der Autobahnbrücke beginnt Richtung Laurensberg eine Steigung.

> Oben links steht der schmucke Barrierehof von 1780, an dem zur Preußenzeit Wegezoll gefordert wurde und gegenüber in den Wiesen liegt Berger-Hochkirchen, nach dem sich eine adlige Familie benannte, die dort schon vor 1232 ihren Sitz hatte. Die heutige Anlage zeigt Bauteile aus dem 16.-19. Jh.

Biegen Sie jetzt **rechts** ab in die **Orsbacher Straße** und fahren ein kleines Stück. Am **ersten Haus** fahren Sie **links** in den **Herzog-**

TOUR 13

weg und ihn eine ganz schöne Strecke mit herrlichen Blicken in den Aachener Talkessel. Bei der **Abzweigung links** fahren Sie den sehr steilen **Rohrbergweg** hinunter, halten sich dann wieder **links** und rumpeln über das Kopfsteinpflaster in **Seffent**.

Burg Seffent

Seffent geht zurück auf einen karolingischen Königshof, der zum Unterhalt der Pfalz beizutragen hatte. Ein malerischer Dorfplatz nimmt Sie auf. Zur Linken erkennen Sie dann *Burg Seffent*, die ehedem mit breitem Wassergraben umgeben war. Der Bau stammt im Kern noch aus dem 16. Jh.

Sie müssen aber **rechts** weiterfahren auf der **Schurzelter Straße** und wenden sich am Ende der Wiese nach **links** in den **Rabentalweg**. Am **Teichbiotop** biegen Sie nach **rechts** ab in den Weg. So radeln Sie an die Straße **Schneebergweg** heran und dort als **Linksabbieger** an der Rückseite der Uniklinik entlang. Am Ende liegt links der Komplex *Gut Melaten* – **gegenüber** führt Sie ein **Weg** durch eine **Grünanlage** neben der Uniklinik; diesen kurvigen Weg nutzen Sie und gfls. auch Fußgänger. Die **Brücke** mit der **Pauwelsstraße** über die Grünanlage dürfen Sie **nicht** mehr **unterfahren**! Kurz vorher führt Sie ein Weg **halb links aufwärts** auf den Radweg der **Pauwelsstraße**. Hier fahren Sie nach **rechts** über die Brücke, folgen **aber** vor der Uniklinik dem Straßenverlauf nach **halb links** in Richtung **Pariser Ring**, den Sie, die Vorfahrt achtend, auf **die andere Seite** zum **Radweg** überqueren und den Sie nach **rechts** hinunterrollen in Richtung **Vaalser Straße**.

Auf der Vaalser Straße gibt es für jede Fahrtrichtung einen Radweg. Um zu Ihrem Startpunkt zu kommen, müss(t)en Sie auf der Vaalser Straße **links** abbiegen. Deshalb fahren Sie als Radler an der Einmündung nach **rechts** bis zur nahen **Ampel**.

143

> Von links kommende und auf den Pariser Ring einbiegende, aber den Radweg kreuzende Autofahrer müssen die Vorfahrt der Radfahrer beachten!

Mithilfe dieser Ampel gelangen Sie sicher auf den gegenüber liegenden Radweg, fahren diesen nach **links** bis zur Verkehrsampel an der Tankstelle. Geradeaus geht es nur noch ein kurzes Stück weiter, wo Sie **halb rechts** auf den Radweg des **Amsterdamer Rings** einbiegen. Zu Beginn bewältigen Sie noch eine kleine Steigung und erkennen nach der **Rechtskurve** rechts voraus die Kirche **Sankt Hubertus** (auch Sankt Backenzahn), vor der Sie zur dieser Tour aufgebrochen waren.

Vergnügliche Fahrt!

TOUR 13

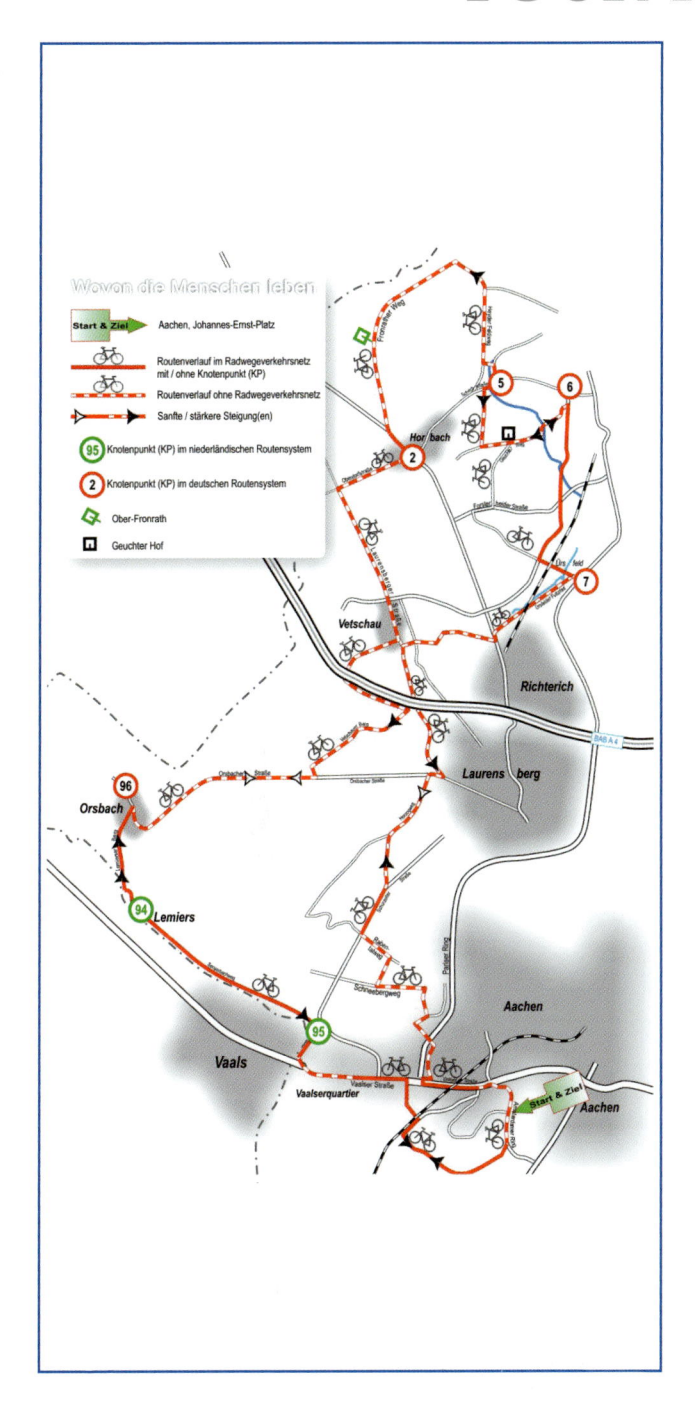

Wovon die Menschen leben

- Start & Ziel: Aachen, Johannes-Ernst-Platz
- Routenverlauf im Radwegeverkehrsnetz mit / ohne Knotenpunkt (KP)
- Routenverlauf ohne Radwegeverkehrsnetz
- Sanfte / stärkere Steigung(en)
- (95) Knotenpunkt (KP) im niederländischen Routensystem
- (2) Knotenpunkt (KP) im deutschen Routensystem
- Ober-Fronrath
- Geuchter Hof

145

TOUR 14

TOUR 14

Grün ist die Heide
Zur Brunssumer Heide

Im Aachener Umfeld gibt es unterschiedliche Landschaften, aber für eine ausgesprochene Heidelandschaft muss man etwas weiter anreisen. Auf „-heide" endende Ortsnamen sind schon sehr alte Begriffe, die für meist brache Landstriche mit üppigem Buschwerk verwendet wurden. Eine richtige Heide, so, wie man sie von Bildern kennt, findet man erst nördlich der Linie Geleen-Übach-Palenberg. Bekannt sind die *Teverner* und die *Brunssumer Heide*. Zu einem südlichen Ausläufer der Letzteren soll die Fahrt gehen.

Vor etwa 50-10 Millionen Jahren, im Tertiär, sind hier ungeheure Mengen Sand und Kies abgelagert worden. Wo auch Lehm- oder Tonschichten vorkommen, kann Wasser gehalten werden, sonst sind die Böden schnell trocken, sodass nur spezielle Pflanzen darauf gut gedeihen können. Es wachsen meist harte Gräser und Heidekraut, das im Spätsommer ganze Flächen erikafarben überzieht, vereinzelt stehen Wacholderbüsche, junge Birkenbäumchen leiten zu Baumbeständen über, in denen die Kiefer am höchsten wird; und in Lichtungen und an Wegrainen gedeiht üppig die Brombeere.

Bei diesem Routenvorschlag berühren Sie die Gebiete von:
Orsbach • Bochholtz • Simpelveld • Imstenrade • Vrusschemig • Heerlerbaan • Meezenbroek • Schrieversheide • Nieuwenhagen • Schaesberg • Strijthagen • Kerkrade • Avantis • Horbach • Vetschau • Laurensberg • Seffent

Streckenlänge: ca. 60 km

Starten Sie vom **Parkplatz** des Aachener **Westfriedhofs** in die **Vaalser Straße** und fahren auf dem Radweg kurz nach **rechts**. Sie bleiben am **Pariser Ring rechts** auf dem Radweg. Weiter oben überqueren Sie vorsichtig die große Kreuzung zunächst **halb links** in Richtung **Uniklinik** und an der **Pauwelsstraße** nach **links**, sodass Sie den neuen Hubschrauberlandeplatz unterfahren und vor die Uniklinik kommen. Am Ende diese Komplexes fahren Sie **rechts** und bergab in den **Steinbergweg**, überfahren unten den **Schneebergweg** und gelangen neben einem Teich zum **Rabentalweg**.

Hubschrauberlandeplatz

Nach **links** geht es hier zwischen Feldern und Wiesen weiter, Sie kreuzen die **Schurzelter Straße** in den **Schlangenweg** – und hier geht es kurvig, schlängelnd, bald auch steiler bergauf. Am kreuzenden **Herzogweg** steht eine weitere **Ruhebank**, von der man herrliche Fernsichten genießen kann.

Erst am **nächsten** Weg biegen Sie **rechts** und am folgenden **links** ab; hier fahren Sie immer weiter und zum Ende mit leichtem Gefälle zur **Nonnenhofstraße**, in die Sie **rechts** abbiegen. An der Rechtskurve bleiben Sie **geradeaus**, radeln in die Felder und Wiesen des **Ochsenstocks** in Richtung der oben stehenden Windkrafträder[1].

Sie radeln auf diesem Weg hinab bis an die **Autobahn** A 4 und gleich **links** weiter; dann wieder **rechts** über eine **Eisenbahnbrücke**. Nun können Sie die Ortschaft **Bocholtz** nicht mehr verfehlen; denn Sie befinden sich auf der **Akerstraat**, dem uralten Karrenweg Bocholtz-Aachen.

Im schmucken Ort orientieren Sie sich bei der Weiterfahrt an dem(n) **Zwischenwegweiser(n)** des niederländischen Radroutensystems Richtung **Knotenpunkt**[2] **Nr. 97** (in der Nähe der Kirche). Radeln

---

[1] Die erste Anlage „Windfang", kann man nach Anmeldung besichtigen; in einem Schaukasten sind die momentane Windgeschwindigkeit, die Leistung und vieles mehr ablesbar.
[2] Künftig **KP** genannt.

TOUR 14

nach **rechts** an der Kirche vorbei, **links** ab in die **Schoolstraat** und dann **ortsauswärts** auf dem **Bocholtzerweg** mit Radweg.

Eine **Autobahnbrücke** unterfahren Sie noch und biegen danach in die Straße **Waalbroek rechts** ab, das ist Richtung **KP 51**, Ihr nächstes Ziel auf/mit diesem Routensystem; mitunter unterstützt durch ein Schild **Heuvelenroute**.

Snowworld auf Berghalde

Vertrauen Sie dieser Routenführung durch einen Eisenbahndamm, die Orte Simpelveld, Sweyer, Molsberg und nach Imstenrade kommen Sie auf eine **mehrspurige** Straße, den **Imstenraderweg**. Ein ganzes Stück radeln Sie nun. Wenn es wieder bergab geht, kommen Sie an eine **Kreuzung** (es ist die erste). Hier geht es nach **links**, zunächst am Waldrand entlang, wieder über eine Autobahn und zum **KP 51**, beim Gebäudekomplex „vitalis parc imstenrade". Nach rechts hinüber erkennen Sie eine alte Bergwerkshalde mit „Snowworld Landgraaf".

Ihr nächstes Fahrtziel ist nach knapp 2 km bei Vrusschemig **KP 50**. **KP 48** liegt etwa 6 km weiter, Sie kommen an Gemeinderandge-

Heidelandschaft

bieten und Grünanlagen vorbei. Dann werden geschlossene Bebauungen immer seltener, am **KP 77** haben Sie ein Waldgebiet erreicht und Sie biegen links ab in Richtung **KP 76**.

Die folgenden Strecken gehören nun zur Brunssumer Heide. Auf angepassten Wegen geht es mitunter kurvig, meist flach durch Bewaldungen oder offene Bereiche, am Rand von Teichen oder sandigen Flächen voran zu den gut beschilderten Orientierungspunkten[3].

In der Bildmitte verläuft der Radweg.

Das sind **KP 35, KP 74, KP 79** und **KP 78**, hinter dem das Schutzgebiet zu Ende geht.

Die nun folgenden knapp 6 km zum **KP 47** verlaufen gut gekennzeichnet auch an **Nieuwenhagen** vorbei bzw. hindurch, durch Lichtenberg noch über eine Eisenbahnlinie nach **Schaesberg**. Dort biegen Sie **links** ab und vor der Brücke nach **rechts** in die **Einsteinstraat** bergauf. Den **Kreisverkehr** verlassen Sie in die **zweite** Ausfahrt, **Menshoggerweg**; noch etwa 350 m sind es zum KP 47.

Teich in der Heidelandschaft

---

[3] An den Knotenpunkten finden Sie in der Regel hierzu Landkartenübersichten mit genauen Entfernungen von KP zu KP.

TOUR 14

Beim Weiterfahren in Richtung **KP 45** bemerken Sie Hinweise auf die Parkanlage „Mondo Verde" und radeln durch ein Naturschutzgebiet, vielleicht folgen Sie als Abstecher dem Hinweis zum *Kasteel Strijthagen*, ein auf römischen Resten errichteter fränkischer Hof, als Wasserburg ins 13. Jh. zurückreichend, die im 18. Jh. ihr jetziges Aussehen erhielt. Park und Hotel „Oberste Hof" liegen hier im Freizeitgelände noch am Wegesrand. Am KP 45 könn(t)en Sie viele ausgeschilderte Ausflugsziele aufsuchen!

![Winselerhof]

Ihre Tour setzen Sie hier in Richtung **KP 44** fort. Dabei ist aber **KP 11** Ihr neues **Zwischenziel**. Die Fahrt führt Sie im Halbkreis um die bewaldete Berghalde der ehemaligen Zeche *Wilhelmina* herum am „Winselerhof" vorbei in den Ort **Terwinselen** und zum KP 11 in der **Mariastraat**.

Lassen Sie sich von hier durch den Ortsteil **Kerkrade** zum **KP 1** führen, den Sie in **Locht** nach Überqueren einer Eisenbahnlinie vorfinden. Richtung **KP 2** in **Horbach** radeln Sie nun aber nur noch etwa 200 m, um dann nach **rechts** abzubiegen in den **Gulperweg**. Durch Felder radeln Sie auf die autobahnähnliche **N 281** zu und hier zwangsläufig nach **links** und im **Rechtsbogen** parallel zur **Avantisallee**. An der **ersten** Wegegabelung fahren Sie **halb links**. Dieser Weg verläuft **schnurgerade** zwischen Feldern und dem rechts liegenden Avantisgebiet außerhalb von Horbach zu einem **Grenzkreuz** am **Bocholtzer Weg**. Diesen Weg und auch die Grenze **geradeaus überquerend**, radeln Sie nun auf dem **Silberpatweg** auf **Vetschau** zu. Vor einem Bauerngehöft biegen Sie nach **links** ab auf die Straße **Vetschauer Weg**. Am Ortsbeginn von **Vetschau** fahren Sie nach **rechts** in die **Laurensberger Straße** und aus dem Ort heraus.

An der Laurensberger Straße liegt rechts die **Endstation** der niederländischen **„ZLSM Schienenbahn"** mit entsprechenden Informationen zum Fahrplan. Im weiteren Verlauf Richtung Laurensberg kommen Sie zwischen den *Niersteiner Höfen* vorbei, **unter** der **Autobahn** A 4 hindurch und mit Steigung an den **Ortsanfang** von **Laurensberg**. Hier biegen Sie **rechts** ab in die **Orsbacher Straße**, aber unmittelbar vor dem **ersten** links stehenden Haus in den **Herzogweg**. Dieser Weg führt Sie auf einer Höhenstrecke mit schönen Ausblicken auf die Stadt Aachen an den nach **links** und steil hinabführenden **Rohrbergweg**. Sausen Sie vorsichtig hinab und unten nach **links** in den **Seffenter Berg**, eine Straße mit Kopfsteinpflaster. Dann sind Sie in **Seffent** und bald an der **Schurzelter Straße**.

Rechts fahrend, treffen Sie bald wieder auf den **Rabentalweg**, den Sie bis zum Ende durchfahren, dort nach **rechts** hinab. Über den **Worringerweg** hinweg fahren Sie weiter zwischen und durch die Institutsgebäude der RWTH Aachen hindurch zur **Pauwelsstraße**, folgen ihr nach **rechts**. Hinter der Brücke über die Grünanlage halten Sie nach **links** auf die **Kullenhofstraße**; Sie müssen hinter der Brücke über den **Pariser Ring** wieder (Vorfahrt achtend!) auf den gegenüberliegenden Radweg gelangen, den Sie nach rechts benutzen Richtung **Vaalser Straße** mit dem **Parkplatz** am **Westfriedhof**.

Viel Freude beim Schauen!

TOUR 14

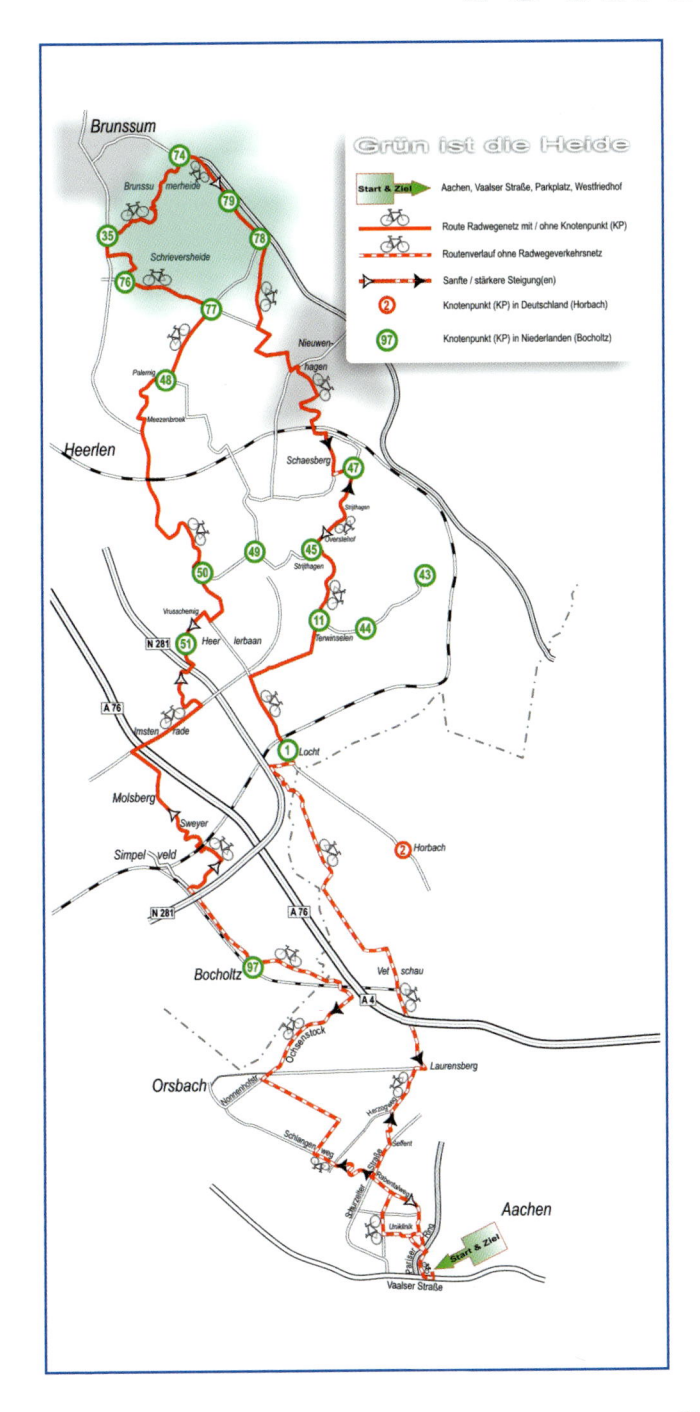

TOUR 15

TOUR 15

Schlösser, die im Monde liegen ...
Herrenhäuser zwischen Aachen und Geilenkirchen

Operettenhafte oder gar traumversponnene Luftschlösser können moderne Radler gewiss nicht bestaunen. Aber einige Anwesen an dieser Radtour sind dafür ganz real, waren bis vor etwa 200 Jahren noch Sitz und Symbol von Reichtum und Macht, beeinflussten oft auch viele Jahrhunderte das wirtschaftliche und politische Geschehen ihrer näheren, manchmal auch der ferneren Umgebung.

Die Periode nach der Französischen Revolution (1789), tief greifende Industrialisierungen und fortschreitende Demokratisierungen ließen den Einfluss jener Güter und ihrer Herren auf Wirtschaft, Politik und Gesellschaft deutlich schwinden. Häufiger Besitzwechsel, Veräußerung von Grundeigentum ließen einstigen Glanz verblassen. Burg Erenstein wandelte sich von der trutzigen Befestigungsanlage zum prachtvollen Tagungsrestaurant mit vornehmem Ambiente. In der einst wehrhaften Wasserburg Rimburg an der Wurm trifft man auf elitäre Eigentumswohnungen in ruhiger Randlage. Die Burg Heyden, Zentrum der Macht im Ländchen zur Heyden, verfiel zur Ruine; die erhaltene, weite Vorburg wurde zwischen 2001/2003 restauriert zu privaten Wohnanlagen. Von Burg Wilhelmstein geben zerfallener Bergfried und ein Eingangstor kaum ein deutliches Bild von der früheren Bedeutung als Trutzfeste der Jülicher Landesherren gegen Aachen und Limburg. Rittergut Muthagen mit dem Pferd im Wappenschild über dem Eingangstor ist immer noch ein erstaunlich schöner Reiterhof. Schloss Trips, herrliche Wasserburg auf vier Inseln, ist eines der schönsten und ältesten niederrheinischen Wasserschlösser – heute Seniorenwohnpark Trips. Schloss Zweibrücken im Wurmtal hat seinen schmucken Schlosscharakter erhalten und ist heute im Besitz der Stadt Übach-Palenberg.

Und so verläuft die Route:
Aachen, Westfriedhof • Soers • Richterich • Bank • Pannesheide • Kerkrade • Eijgelshoven • Rimburg • Palenberg • Geilenkirchen • Übach • Herzogenrath • Bardenberg • Berensberg • Soers • Seffent • Aachen, Westfriedhof

Streckenlänge: ca. 70 km

Beginnen Sie Ihre Tour am Parkplatz des Aachener **Westfriedhofs** in der **Vaalser Straße**, und zwar in Richtung **Vaals (NL)**. Schon bald folgen Sie dem **Radweg** des **Pariser Rings** nach **rechts**, der zum Ende für eine Brückenüberführung **ansteigt**. **Oben** fahren Sie etwa **150 m** nach **rechts** in die **Valkenburger Straße**, wo Sie nach **links** in eine **Grünanlage** („Hollandwiese") abbiegen und diese durchfahren zur **Melatener Straße**. Gegenüber beginnt neben dem ersten Haus, Nr. 158, die **Siemensstraße** als schmaler Weg durch ein Gebüsch. Hier fahren Sie hinein und weiter bis zur **Ahornstraße**. Dort biegen Sie nach **links** ab und bleiben auf der Ahornstraße hinter der Kreuzung bergab bis an den **Seffenter Weg**, auf dessen Radweg Sie nach **rechts** bei leichtem Gefälle gut vorankommen bis zur **Ampel** hinter der **Bahnunterführung**.

Sie radeln geradeaus in die **Bunsenstraße**, an der nach **rechts** durch die **Kruppstraße** zur **Turmstraße**, biegen **links** ab und erreichen bald die **Kreuzung** an der **Roermonder Straße**. Mit Ampelhilfe kommen Sie sicher in die **Rütscher Straße**. Hier müssen Sie weiter, an den Wohntürmen des Studentenwerks vorbei, umrunden Sie einen Teil des Lousbergs. Und dann – öffnet sich vor Ihnen das schöne, weite Gebiet der Soers. Die **Rütscher Straße** mündet stumpf in die **Schlossparkstraße**, der Sie nach **links** folgen. Am Ende einer Linkskurve müssen Sie rechts die **Schlossweiherstraße** hinauf und **geradeaus** weiter in die Straße **Am Beulardstein**. Ein **schmaler Weg**, blau beschildert zu den Häusern 31-43, führt nach **links** zwischen die Häuser an die Querstraße **Beulardsteiner Feld**.

Als **Rechtsabbieger** überqueren Sie bald die Autobahn in die Straße **Landgraben**. Gleich **vornean** geht es **links** in die Straße **Elsenborn** und darin gleich wieder **links**. Den deutlichen **Rechtsknick** der Straße machen Sie mit und überqueren die **Berensberger Straße** in die **Parkstraße**. Bald beginnt links ein kleiner Park, in dem *Schloss Schönau* liegt.

> „Schönau" war vermutlich seit der fränkischen Landnahme ein freies Gut der Pfalzgrafen von Aachen, das zwar erst 1252 erstmalig erwähnt wird, aber in hohem Ansehen stehen musste; denn 1280 wurde auf „Burg Schönau" der Friede zwischen der Gräfin von Jülich und der Stadt Aachen geschlossen. Im Laufe einer wechselvollen Geschichte mit zahlreichen Besitzwechseln wurde

TOUR 15

Schloss Schönau

die Burg im 15. Jh. neu aufgeführt und auf den Grundmauern jenes Baus errichtete dann 1732 vermutlich Baumeister Laurenz Mefferdatis jenes gediegen-maßvolle Schloss, das 1972 durch die Stadt Aachen gründlich restauriert und zu einem ansprechend ausgestatteten Restaurant umgestaltet wurde. Die Bauten rechts der Straße zählten als Wirtschaftsgebäude zur Vorburg des Schlosses.

Fahren Sie **links** in die **Schönauer Allee** am Schloss entlang, danach in die **erste** Straße **rechts**, **Am Kreuz**, und hindurch. An ihrem Ende sind Sie an der **Roermonder Straße**. Auf deren gegenüberliegendem Radweg radeln Sie nach **rechts** bis zur **Ampelanlage**, wo Sie nach links in den **Roder Weg** abbiegen. Am **Rechtsknick** aber radeln Sie **geradeaus** in einen **Fuß-/Radweg**. Autofrei fahren Sie vor dem **Bahndamm** nach **rechts**, über den **Amstelbach** und durch ein schmales Gehölz auf dem **Ürsfelder Fußpfad** in den Weiler **Ürsfeld**. An der gleichnamigen Straße liegt *Gut Ürsfeld*.

Das schmucke Rittergut wird erstmals 1288 erwähnt und liegt in einem Park, sein weiß gekälkter Turm aus dem 17. Jh. leuchtet weithin. Gehen Sie durchs Eingangstor; an der Scheune rechts ist oben noch ein Wappenstein der Familien Hillensberg-Streithagen zu sehen aus dem Jahre 1663.

Burg Ürsfeld

Nach **links** radeln Sie nun durch **Ürsfeld**, **unter** der **Eisenbahn** hindurch bis zur **Banker-Feld-Straße**, mit einem Wegkreuz unter mächtigem Laubbaum. Hier geht es **rechts** ab auf den Ortsteil **Bank** zu und hindurch. Dort geht es auf der **Haus-Heyden-Straße** weiter bis zum **Knotenpunkt**[1] **Nr. 6** des Radwegeverkehrsnetzes an der **Mühlenbachstraße**. Schwenken Sie nun nach **links** und Richtung **KP 5** nach **Horbach**. Nach **rechts** fahren Sie in die **Heydenstraße** an der kürzlich renovierten Obermühle am Amstelbach entlang; nach **links** über eine **Brücke** kommen Sie vor die *Burg Haus Heyden*, heute eine private Wohnanlage.

> Ritter Arnold von Bongart ließ um 1300 hier eine feste Wasserburg errichten, die dem ganzen Ländchen seinen Namen gab: „Herrschaft zur Heyden". Die zugehörigen Dörfer tragen häufig die Endung „-heide". Eingeengt zwischen dem Herzogtum Limburg, der Stadt Aachen und dem expandierenden Jülich, wurde es letztlich eine Unterherrschaft des Herzogtums Jülich.

Haus Heyden

Für die Tour radeln Sie nun die kurze Verbindung zum **Heyder Feldweg** und auf diesem **rechts** ab an der gesamten Anlage entlang, bis Sie **rechts** über die Amstelbachbrücke in die **Pannesheider Straße** einbiegen können. Sie führt steil aufwärts in den

---

[1] Künftig **KP** genannt.

TOUR 15

Ort **Pannesheide**, oben über einen kleinen Kreisverkehr an der **Haus-Heyden-Straße** und dann zur **Roermonder Straße**. Ein **Radroutenschild** weist Sie nach **links**. So gelangen Sie in einen **Kreisverkehr Neustraße**, den Sie in die **zweite** Ausfahrt, **Nieuwstraat** (NL), verlassen.

Knapp **50 m** weiter fahren Sie **links** ab in die Einbahnstraße, **Mundgenstraat**, die bald **Pannesheiderstraat** heißt und in die **Bleijerheiderstraat** übergeht. In einer leichten **Rechtskurve** radeln Sie nach **links** in die **Sint Antoniusstraat**, die Sie am Ende nach **halb rechts** verlassen in die **Voorterstraat**. Am Ortsrand von **Bleijerheide** können Sie jetzt die Fernsicht in Richtung *Fronrather Höfe* genießen. Die Voorterstraat mündet in einem großen **Kreisverkehr**, den Sie in die **dritte** Ausfahrt, Richtung **KP 3**, in die **Hamstraat**, auch **N 300**, verlassen.

> Bei der Fahrt durch den Kreis sind Sie wahrscheinlich auf die Domaniale Mijnstraat aufmerksam geworden; der Name erinnert an die ehemalige Zeche *Domaniale Mijn* (1723-1969), in der sogar jenseits der deutschen Grenze Steinkohle abgebaut wurde.

Am KP 3 fahren Sie **rechts** in den **Hamweg**, der nach dem **Eisenbahntunnel** nach **rechts** schwenkt, dabei bergab verlaufend unten an der **Hammijnstraat** endet. Es geht nach **links** durch ruhiges, ländliches Gebiet weiter und über eine verkehrsreiche Querstraße hinweg, dabei an der Hammühle vorbei auf den **Hammolenweg**, der am **Kerkradersteenweg** (Ampel) endet. Geradeaus gelangen Sie auf den **Brughofweg**; links liegt der ehemalige *Brughof* (jetzt Hotel) und rechts **Kasteel Erenstein** mit schöner Parkanlage. Gehen Sie ruhig hinein.

Schloss Erenstein

> Die Anlage geht bis auf das 12. Jh. zurück, wurde gegen Mitte des 14. Jh. zu einer mächtigen Wasserburg umgebaut und im 18. Jh. in freundlicherem Schlosscharakter gestaltet. Mit seinem prächtigen Innenhof zwischen ausdrucksvollen Nebengebäuden stellt es heute ein Musterbeispiel gut gelungener Restaurierung dar, das dem vornehmen Restaurant das ritterliche Flair verleiht.[2]

Dahinter hat die Stadt Kerkrade einen ansprechenden Freizeitpark angelegt. Auf dem **Brughofweg** können Sie jetzt durchradeln zum **KP 43**. Bleiben Sie links von den ruhigen Wasserflächen auf dem **Cranenweyerweg** Richtung **KP 46**. Erst am **Kloster-Ansteler-Weg** geht es nach **links**, dann aber gleich wieder **rechts** und auf dem **Boerenanstelweg** hügelan zum **KP 46**, unmittelbar am verkehrsreichen **Dentgenbachweg**. Hier schwenken Sie **rechts** ab mit dem Fernziel **KP 41**. Sie werden dabei sowohl über die Bahn-

Schloss Rimburg

linie als auch über die Autobahn geführt, kommen dann auf die **Zwaluwstraat** und auf die **Laurastraat**, von der Sie nach **rechts** in die **Kommmerveldlaan** bergab geleitet werden. Unten fahren Sie auf der **Anselderlaan** an Sportplätzen nach **links**. Hinter dem Tennisplatz schwenkt der Weg nach **links** in den **Bosweg** hinauf zum **Molenweg**. Nun müssen Sie **rechts** weiter in die **Laurastraat** und ins Zentrum von **Eijgelshoven**. Fahren Sie auf der **Veldhofstraat** nach **links** in einen **Kreisverkehr** und sogleich heraus in die **Putstraat** in Richtung auf die vor Ihnen auftauchende **Bahnunterführung** zu und hindurch bis zur nächsten **Kreuzung**. Nun

---

[2] Wenn Sie nun den gleichen Weg zurückführen, wäre Ihre Tour ca. 35 km lang.

TOUR 15

fahren Sie ohne Routengeleit nach **rechts** in den **Rimburgerweg** in Richtung **Rimburg**.

Die Straße führt an einem Gewerbegebiet vorbei auf dem Gelände der ehemaligen Steinkohlengrube *Julia* und dem hier ziemlich breiten Wurmtal. Sie müssen nach ca. 3 km **rechts** abbiegen. Durch die Gemarkung **Broekhuizen** fahrend, treffen Sie auf die erste nach rechts abzweigende Straße, **Kapelweien**, mit erneuter **Routenführung**[3] nach **rechts**. Folgen Sie ihr in das schmucke Dörfchen Rimburg, das mit seinen kleinen fränkischen Höfen ein wahres Kleinod darstellt. An der Kirche befinden Sie sich in der **Brugstraat** und am **KP 41**; nach links liegt an der Straßenkreuzung ein großer, alter, weiß gestrichener Gutshof. Nach **rechts** führt die Brücke über die Wurm, die Grenze und zum **KP 36**. Nach **rechts** beginnt die **Rimburger Straße** und links liegt hier *Schloss Rimburg*.

Es wurde erstmals 1253 als eine Raubritterburg erwähnt. Vielleicht haben ihre Besitzer auch nur Wegzoll gefordert, ähnlich der heutigen Maut. Allerdings lag sie an einem bedeutenden Wurmübergang, an dem die Römer sogar eine Brücke gebaut haben sollen. Die späteren Ritter dienten mal als Lehnsmannen von Limburg/Brabant, mal von Jülich. In ihrer größten Ausdehnung (um 1300) war die äußerst wehrhafte Burg sogar durch einen dreifachen Wasserring geschützt und galt lange als uneinnehmbar. Dann aber wurde sie 1640 doch so zusammen-

---

[3] *Unterwegs mit Pittchen Pedale, Städteregion Aachen.* (2009). Aachen.
Fietsen in Zuid-Limburg, Mergelland & Parkstad Limburg (2005). VVV Zuid Limburg.

> geschossen, dass sie nie wieder in vorheriger Größe und alter Wehrhaftigkeit neu errichtet wurde. Barocke Dachformen und andere Architekturelemente zeigen, dass die Burg später als Schloss genutzt wurde. Heute sind Eigentumswohnungen darin eingerichtet.[4]

Fahren Sie ab KP 36 in Richtung **KP 61**, das ist auf den nahen **Bahnübergang** zu, **vor** dem Sie nach **links** abbiegen und nach knapp **1,5 km** am Bahnhof[5] **Übach-Palenberg** vorüberkommen. Am KP 61 ist Ihr neues Ziel **KP 62**. Es geht zunächst nach **links** zu einer **Brücke** über die **Wurm**.

> Sie sollten vor der Brücke geradeaus einen Abstecher machen und dann rechts in das Naherholungsgebiet Wurmtal hineinschauen; es gibt u. a. rekonstruierte Grundmauern eines römischen Badehauses mit Infos zu sehen.

Auf dem Weg am anderen Ufer des Wurmbachs haben Sie KP 62 schnell erreicht; erlauben Sie sich nun einen Blick auf *Schloss Zweibrüggen*. Dazu müssen Sie **über** die Wurm und werden nach **links** geführt.

Naherholung im Fußgängerparadies von Übach-Palenberg

---

[4] Sie könnten hier abkürzen und sich an den Wandererwegzeichen x/E 8 orientieren. Radler halten sich besser an die KP-Systeme. So würden auch Sie auf schönen Wegen über die Knotenpunkte 35, 42, 22, 20 und 18 nach Herzogenrath geführt. Dort könnten Sie die Punkte 13, 6, 7 und 8 ansteuern und von dort den Ferberberg hinabsausen in die Ihnen sicherlich bekannten Soers und einfach zurückfinden. Gesamtstrecke dann etwa 40 km.

[5] Hier könn(t)en Sie über eine Rampe auf den Bahnsteig Richtung Aachen gelangen und Ihren Ausflug mit einer Zugfahrt verkürzen, zum Beispiel nach etwa 20 Minuten in Aachen-Schanz eintreffen und auch über eine Rampe wegfahren.

TOUR 15

Das prächtige, weiße Schlösschen inmitten eines gepflegten Gartens strahlt auch nach mehr als 200 Jahren noch barocke Lebensfreude aus. Erbaut wurde es 1788 unter Einbeziehung älterer Bauteile, beispielsweise des Portals von 1649. Die ehemalige Vorburg dient heute wie ehedem als Wirtschaftshof; die Anlage gehört der Stadt Übach-Palenberg.

Schloss Zweibrüggen

Wieder zurück zum KP 62, gönnen Sie sich paar **„Augenblicke"** auf die etwa 350 m entfernte **Klangbrücke**[6] und hinüber in den wunderschönen **Willy-Dohmen-Park**[7].

---

[6] http://www.steuerzahler-nrw.de/Misstoene-bei-Klangbruecke/33363c40186i1p131/index.html.

[7] http://liveserver5.ionas.de/brd/nrw/c5/sv_uebach_palenberg/unsere_stadt/interessant_und_sehenswert/willy_dohmen_park/index.html.

163

Klangbrücke, „Nashornbrücke"
aus Kindermund

Willy-Dohmen-Park

Nach einer Fahrt von etwa **1 km** sind Sie am **KP 63** und nun unterwegs zum **KP 01**, in Geilenkirchens City; vorher unterfahren Sie die **B 221/B 56**, die Umgehungsstraße Geilenkirchens, und kreuzen vorsichtig bei *Gut Hommerschen* die **L 364**. Diese Straße benutzen Sie für den **Rückweg**!

Sie fahren auch nach **Überqueren** des **Theodor-Heuss-Rings** (L384) noch neben der Wurm. Die **Routenführung** bringt Sie sicher an Parkplätzen vorbei, weiter über eine **Brücke** ans andere Bachufer und über Ampeln mitten in die **Stadt** zum KP 01.

TOUR 15

Radfahren ist etwas Schönes in der „Freizeitregion Heinsberg" und wird erleichtert durch ein Begleitheft zur Radwanderkarte mit jetzt „downloadbaren" GPS-Tracks der Routen[8].

Schloss Trips erreichen Sie mühelos auf der **Routenführung** zum **KP 08** Richtung Hückelhoven/Süggerath. Am **Ziel** wechseln Sie wieder auf die **rechte** Wurmseite.

Seniorenwohnpark Schloss Trips

Das Geschlecht derer von Trips wird bereits 1172 erwähnt; die hiesige Burg ging vermutlich als Heiratsgut der Nees von Trips mit Adam van Berghe an dieses Geschlecht, das sich dann später Trips von Berghe nannte. Der hohe Wehrturm stammt wie der Burgkern wohl aus der Zeit um 1400. Ein Wasserschloss wurde „Trips" erst im 18. Jh., als die Vorburgen und die Garteninsel gestaltet wurden. Damals – und auch später – blieben wesentliche Teile der Burg unverändert, sodass das Anwesen heute inmitten von Grachten, Teich und Wald als eines der ältesten und schönsten im Niederrheinischen gilt.

Die **Rückfahrt** beginnen Sie um das Schloss herum nach **rechts** auf dem **Tripser Weg**, vorerst ohne Routengeleit Richtung Geilenkirchen. Genießen Sie die schöne Umgebung auf den etwa **800 m** zur **Gerhard-Schümmer-Straße**, fahren hier nach **rechts** und sind am Ende mit einem **Rechts-links-Schwenk** neben der **Wurm** wieder auf der Route zum **KP 01**.

---

[8] http://www.hts-info.de.

Zügig radeln Sie nun Richtung **KP 63** bis zur Gemarkung **Hommerschen**.[9]

Sie müssen **links** die **L 364** hinauf, gelangen über die Wurm und die Eisenbahn in einen **Kreisverkehr**, den Sie in die **dritte** Ausfahrt, **An der Friedensburg**, verlassen. Nach wenigen Metern fahren Sie **rechts** die Straße **Am Pulverbusch** hinauf, folgen alsbald ihrem Verlauf nach **rechts** am Gehöft entlang und **bergauf** parallel zur B 221/B 56. Oben treffen Sie auf die **Aachener Straße**, die L 240. Auf der gegenüberliegenden Straßenseite beginnt ein Radweg, den Sie nach **rechts** fahren, über die Umgehungsstraße und durch den Kreisverkehr an den Weg, der nach **links** zum *Schloss Breill* führt.

> Dieser Alleenweg, umsäumt von Lindenbäumen, später von Blutbuchen und zum Schluss von mächtigen Rhododendronbüschen, führt zum Schloss, dessen Keilstein das Baujahr 1728 angibt. Das Anwesen ist aber mit Sicherheit älteren Ursprungs, denn schon 1140 wird es als Adelssitz erwähnt. Im Jahre 1517 kam das Schloss an den Grafen von Goltstein und befindet sich seitdem laut Heimatbuch des Selfkantkreises von 1956 durchgehend in Familienbesitz. Leider hat es im Zweiten Weltkrieg stark gelitten.

Wieder zurück zur Straße, jetzt B 221, radeln Sie knapp **1 km** nach **links** und können nun in die Kastanienallee zum *Rittergut Muthagen* einschwenken.

Muthagen

---

[9] Letzte Möglichkeit zur Erleichterung: Sie fahren einfach auf dem Herweg zurück zum Schloss Rimburg. Wählen Sie hierzwischen Eijgelshoven bzw. Herzogenrath. Es könnten bis zu 15 km weniger werden.

TOUR 15

> Das Anwesen geht vermutlich auf das 13. Jh. zurück. Die Ankersplinte neben dem Torhaus zeigen die Zahl 1708. Schweifgiebel und Turmhelm geben dem Bau ein ungewöhnliches und festliches Gepräge. Das Gut beherbergt heute ein weithin bekanntes Gestüt.

Sie müssen **zurück** zur B 221, dort nach **links** etwa **300 m** radeln und wählen den Fahrweg (Oderstraße) **rechts** (vor einem Parkplatz an der B 221). Bequem geht es durch Felder auf eine Rechtskurve zu und an die Straße **Stegh**, halten hier nach **links** und radeln auf der Straße **Am Steinberg** an *Gut Hoverhof* vorüber, über die nächste Kreuzung hinweg, links an der **Halde** der ehemaligen Zeche *Carolus Magnus* vorbei, auf **Übach** zu.

Die Umgehungsstraße, **L 225**, hier überqueren Sie vorsichtig und dürfen als Radfahrer durch die **Hovergracht** bis zur **Talstraße** fahren, der Sie als **Rechtsabbieger** folgen über **Em Koddes** bis zur **Rathausstraße** und dem **KP 32**. Sie schwenken hier nach **links** in Richtung **KP 33**, gelangen später in die **Dammstraße**. Etwas weiter weist ein Routenschild nach **links** und gleich **wieder rechts** in die **Stadionstraße** ins Übachtal. So kommen Sie am **Schwimmbad** vorbei und können nun den herrlichen **Herbacher Weg** im Tal des Übachs benutzen zum **KP 33**.

Rechts von Ihnen liegt die Ortschaft **Herbach**; Sie radeln durch die Straße **Am Heidberg**, vorerst in Richtung **KP 30** und an einem Friedhof entlang. Erst **danach** verlassen Sie die genannte Richtung, und zwar spitzwinklig nach **rechts** in den Weg **Im Stütz** und gleich darauf wieder **rechts**. Nun an der anderen Seite des Friedhofs sind Sie auf der **Plitscharder Straße**. Bleiben Sie dann eine geraume Zeit in dieser westlichen Richtung. Sie kreuzen die **K 11** und fahren auf die **Hofstadter Straße** (L 47) zu, überqueren auch diese und rollen durch die Ortschaft **Wildnis** ins **Wurmtal** hinab.

Radeln Sie unten **nicht** nach rechts unter der Eisenbahnbrücke hindurch, sondern rollen **diesseits** nach **links** in die **Bicherouxstraße**. Sie läuft zunächst durch ländliches Gebiet, nach Queren der **Kirchrather Straße** über einen **Kreisverkehr** nach **Herzogenrath**, hier durch Industriegebiet mit u. a. den Vereinigten Glaswerken und am **Bahnhof** vorbei ins **Zentrum**. Auf der **Damm-** und **Erkensstraße** bewegen Sie sich auf eine **Kreuzung** zu. Sie machen auch wie der Verkehr zunächst noch eine deutliche

Linksschwenkung in die **L 223, Bardenberger Straße**. Doch für Sie geht es nochmals nach **links** in die ruhige **Ruifer Straße**.

Es beginnt das Naherholungsgebiet **Broichbachtal**, das zu geruhsamen Spaziergängen einlädt. Bald sind Sie auf der **Route** Richtung **KP 25** durch den Weiler **Ruif**. Vom KP 25 orientieren Sie sich **rechts** in Richtung **KP 24** und fahren die Steilstrecke hinauf nach **Wefelen**. Hier biegen Sie **rechts** ab in die **Pützgasse** und in Niederbardenberg **links** in die **Schmiedstraße** und gelangen zur **L 223**, der **Jüderstraße**. Diese müssen Sie **überqueren**, rollen zwischen den Feldern durch die **Kamper Gracht** und stoßen auf eine **Kreuzung**, wo Sie **links** aufwärts die **Pleyer Straße** benutzen. Achten Sie auf die Hinweisschilder, so können Sie den Weg zur *Burg Wilhelmstein* nicht verfehlen.

> *Burg Wilhelmstein* war eine wichtige Festung der Jülicher Herrschaft und Sitz der Verwaltung des Amtes Wilhelmstein. Sie wurde 1278 auf Resten von 1216 erbaut; in unserer Burgen- und Schlösserroute ist sie die einzige, die keine Wasserburg darstellt, sondern auf einem Hügel angelegt wurde. Das erschwerte die Wasserversorgung; beachten Sie die Tiefe des Brunnenschachts. Ein Blick ins Tal von der Terrasse aus bietet eine herrliche Aussicht. Eine Tafel im Zugang gib einen geschichtlichen Überblick.

Wieder draußen, gelangen Sie gleich **rechts** hinter dem Ausgang auf dem **Waldpfad** hinab zur **Alten Mühle** in **Bardenberg**. Fahren Sie dort über die **Wurmbrücke** und dann gleich **links** Richtung **KP 10**. Durch prachtvolle Felder kommen Sie leicht aufwärts voran; aus dem Waldgebiet heraus können Sie am jenseitigen Hang die große Halde der ehemaligen Zeche *Gouley* in Würselen sehen, die hier von 1599-1951 in Betrieb war. Nach KP 10 ist **KP 9** die Wegstrecke auf einem steileren Stück zu einem schön gelegenen Waldparkplatz; gleich darauf sind Sie an der **L 23**. Die KP-9-Route verlassen Sie hier nach **rechts** hinauf (auf der linken Seite ist ein Radweg) und biegen in der Rechtskurve **links** in die Straße **Rolandhof** ein. Auf einer ehemaligen Grubenbahntrasse werden Sie bis in den Ortsteil **Rumpen** geführt. Hier müssen Sie nach **links** fahren auf der **Rumpener Straße**, später gibt es einen Radweg. Sie kommen nach **Berensberg** und dort fahren Sie **rechts** ab in Richtung **KP 8** auf der **Berensberger Straße**. Rechts liegt *Haus Berensberg*.

TOUR 15

> Schon 1260 wird es als Sitz eines Ritters gleichen Namens erwähnt. Vor etwa 100 Jahren diente es als Alterssitz für den im Aachener Raum bedeutenden Industriellen William Cockerill.

An der **Kreuzung** mit dem KP 8 schwenken Sie nach **links**; dann können Sie den **Ferberberg** hinabsausen. Unten zweigt **rechts** die **Schlossparkstraße** ab, der Sie nun bis zur **ersten** Abzweigung (**Rütscher Straße**) nach **links** folgen. Neben dem Wildbach noch bis zur **Routenbeschilderung**, der Sie nach **rechts** in die Wiesen folgen. Am Ende läuft der Weg mit einem Durchschlupf unter dem Autobahnzubringer hindurch und sofort **steil** hinauf auf einen Weg um ein beachtenswertes und geschütztes Feuchtgebiet, das Sie nach **links** über den **Hauseter Weg** bis in die **Schloss-Rahe-Straße** umrunden.

> Links liegt *Haus Hausen*, ein ehemaliger Gutshof, der schon 1263 erwähnt wird. Sein jetziger Baubestand kommt aus dem 16.-18. Jh. (Eisenanker).

Sie sind am *Schloss Rahe* angelangt, jetzt Sitz einer Versicherungsgesellschaft.

> Sein Ursprung liegt vermutlich in dem 1274 genannten Wasserhof eines Ludwig de Rode. Im Lauf der Jahrhunderte wohnten hier viele Patrizierfamilien. Zum Schloss wurde es erst umgebaut, als ein Ratsherr und Färbereibesitzer das Burggut durch einen stattlichen Bau und Park ersetzen ließ, die so prächtig gerieten, dass Fürsten sich dort einmieteten und auch Zar Alexander I. hier einige Zeit wohnte. Später erlebte das Anwesen dann schlimme Zeiten, sodass es fast gänzlich verkam. Ein Umbau zum Hotel fiel kurz darauf einem Brand zum Opfer; sodass es erst wieder zu Ehren kam, als die o. a. Gesellschaft es restaurierte. Der größere Teil des Parks ist jetzt mit den Häusern im Hintergrund bebaut.

Vor dem **Schlossgelände** fahren Sie nach **links**, an der Ampel wird der Gegenverkehr durch den Tunnel des alten Eisenbahndammes gesteuert. An der **Roermonder Straße** biegen Sie nach **rechts** ab und in die nächste Straße nach **links**; es ist die **Schurzelter Straße**. Sie kommen hier in Laurensberg zunächst durch ein Wohngebiet, am Ende unter der hohen Eisenbahnbrücke hindurch und neben dem Feuchtgebiet am Wildbach durch Seffent an der **Burg Seffent** vorüber wieder in ein Wiesengelände. Am Ende der Wiese biegen Sie **links** ab in den **Rabentalweg**, der Sie autofrei zwischen Campus Melaten und der Uniklinik, zum Ende mit einer Steigung über den **Pariser Ring,** in die **Melatener Straße** führt, und zwar zu der Stelle, wo Sie bei der **Hinfahrt** die sogenannte „Hollandwiese" durchradelt haben. Der **Parkplatz** am **Westfriedhof** ist nun nicht mehr fern.

Gute Fahrt!

TOUR 15

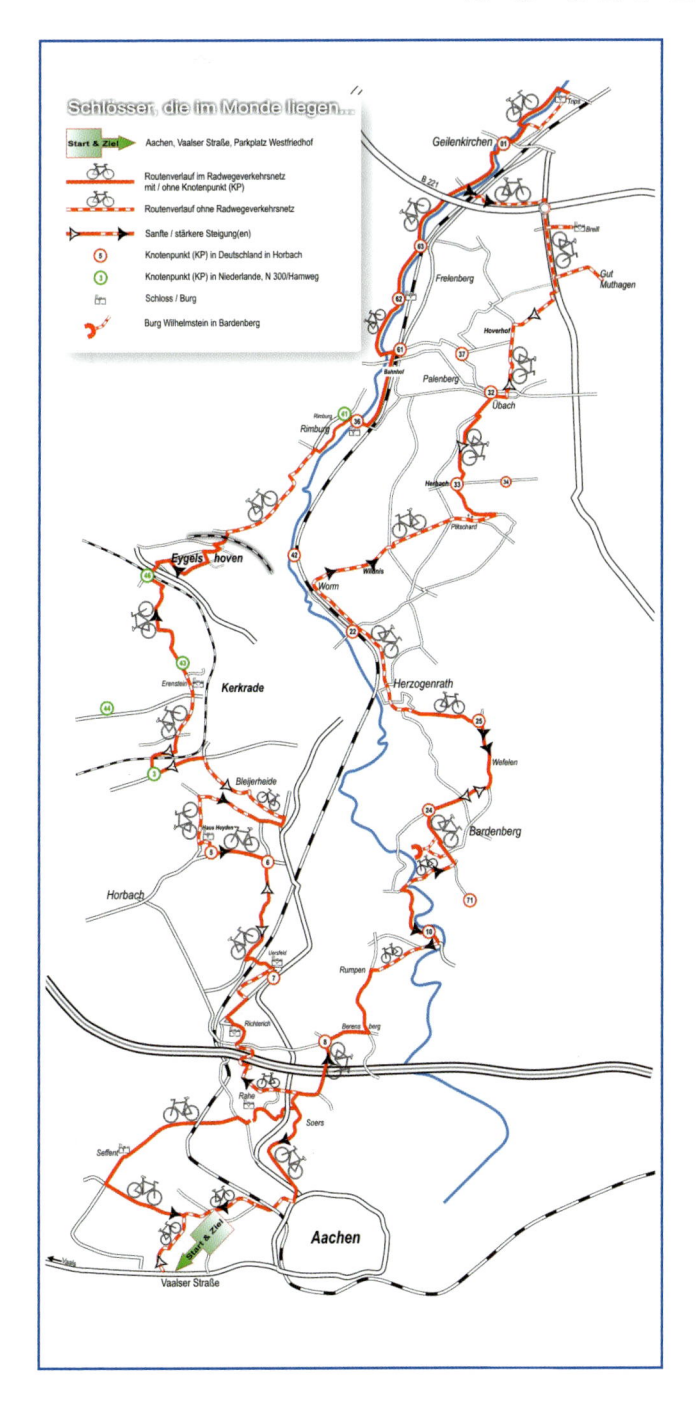

171

TOUR 16

TOUR 16

Immer rundherum
Rundkurs um Aachen

Westfriedhof • Köpfchen • Hitfeld • Eich • Kornelimünster • Brand • Eilendorf • Verlautenheide • Haaren • Berensberg • Richterich • Laurensberg • Seffent • Gut Melaten • Westfriedhof

Streckenlänge: ca. 50 km

Beginnen Sie dies Tour am Parkplatz des Aachener **Westfriedhofs**, radeln stadtauswärts bis zur **zweiten** Ampel am **Neuenhofer Weg** und schwenken nun nach **links**, gegenüber in die **Steppenbergallee**. Hier fahren Sie ein kurzes Stück sanft bergauf und biegen an der **zweiten** Einmündung **links** ab in den **Steppenbergweg**. Sie verlassen die Steppenbergsiedlung in Richtung einer Güterzug-**Bahnlinie**, die Sie **unterfahren** und dann geht es **rechts** parallel zur Bahn hinauf. Steuern Sie auf den **Wald** zu, **durchfahren** dabei eine **Allee** und bleiben auf dem kurvenreichen, **breiten** Weg. So durchfahren Sie den Friedrichwald und können zwischen den Bäumen hindurch schöne Ausblicke auf das Wiesental genießen. Wenn Sie stets auf dem breiten Fahrweg bleiben, werden Sie in weitem Bogen und zwei kurzen Schwenks zum **Moresneter Weg**, einem Pilgerweg, geführt. Dort streben Sie **rechts** aufwärts. Oben angekommen, biegen Sie **links** ab in den **Karlshöher Hochweg**. An der Schutzhütte können Sie die weite Aussicht nach Belgien hinein bewundern; dann geht es in flotter Fahrt **hinab** zur **Lütticher Straße**, B 264.

Hier fahren Sie etwa 200 m nach **rechts** und **überqueren** dort die B 264, nun dem Hinweisschild **Entenpfuhl** folgend, bis oben an die Wegegabelung. Hier fahren Sie **links** in den **Osterweg** in den Wald, kommen an einer **Schutzhütte** vorbei und geradeaus weiter **gegenüber** auf einen **Forstlehrweg**. Am Ende stoßen Sie auf den **Düsbergweg**, fahren nun **rechts**, und im kurvenreichen Teil können Ihnen **Spaziergänger** begegnen. Nach einer kurzen Steigung kommen Sie am **links** liegenden *Grenzhof* vorbei, einem Gut, wie es sich die sehr Wohlhabenden in der Gründerzeit als Sommersitz erbauen ließen. Dann sind Sie auch schon oben auf der **Eupener Straße, Köpfchen** genannt.

Fahren Sie fast **geradeaus** in den **Augustinerweg** und radeln hier bis zur Querstraße **Grüne Eiche**. Dort geht es **gegenüber im Wald** weiter, bis Sie auf die stark befahrene **Monschauer Straße** stoßen, die Sie vorsichtig **überqueren** müssen. Folgen Sie auch hier dem **Augustinerweg**, bis er an der **Hitfelder Straße** endet. Hier biegen Sie **rechts** ab auf den Radweg und unterfahren auf der **Aachener Straße** alsbald eine **Autobahnbrücke**.

Zu Beginn einer **Rechtskurve** werden Sie nach **links** in den Ortsteil **Eich** in Richtung **Kornelimünster** geleitet; Sie folgen dieser **Führung** bis zur **Niederforstbacher Straße**, biegen hier **links** ein und schon knapp **100 m** weiter nach **rechts** ab in die Straße **Bierstrauch**.

Durch landwirtschaftlich genutzte und ruhige Umgebung geht es bergab und bergauf, dabei über zwei Bäche hinauf nach **Kornelimünster** in die **Oberforstbacher Straße**; **links** fahrend kommen Sie an der Benediktinerabtei vorbei.

Etwa **gegenüber** mündet **links** die Straße **Auf der Gallich**; in sie radeln Sie bis zu ihrem Ende und dann nach **links** in die **Münsterstraße**, aber schon nach wenigen Metern rechts in den **Lufter Weg** hinein. Dieser führt am *Gut Lufterhof* vorbei, kreuzt den Vennbahnweg und endet nach einem steilen Bergabstück an der

TOUR 16

verkehrsreichen **B 258** auf einem **links** liegenden **Radweg**; nach **links** geht es in Richtung **Brand**.

In die **zweite** Straße **rechts**, den **Indeweg**, müssen Sie vorsichtig hineinfahren. Gleich geht es wieder **links** auf einer früheren Trasse der Straßenbahn hoch in die **Schrouffstraße**. **Rechts** fahren Sie hier und enden nach einer Linkskurve an der **Freunder Landstraße**. Nun wechseln Sie in die **Eilendorfer Straße** und fahren sofort **rechts** in die **Buschstraße**. Nach einem Linksknick ist es der **Freunder Heidweg**, auf dem Sie am rechts liegenden Wald entlang durch eine Rechtskurve und zwei Linksknicks dann doch ins **freie** Land hineinkommen.

Nach kurzer Zeit haben Sie einen Bach überrollt, wo **scharf rechts** der **Sebastianusweg** abzweigt. Diesen wählen Sie und kommen geradewegs zur **L 221**, der Straße Stolberg-Eilendorf. Auf dem links liegenden Fußweg (Radfahrer frei) fahren Sie bergauf und **Eilendorf** entgegen. Oben macht die **Von-Coels-Straße** eine Linkskurve. Sie schwenken aber nach **rechts** hinüber in die Straße **Am Bayerhaus**, die Sie durchfahren bis zur **Heckstraße**. Auf einem Radweg rollen Sie etwa 100 m nach links hinunter und wechseln dabei in die **erste** Straße **rechts**, den **Prunkweg**. Steil hinauf mühen Sie sich hier etwa 250 m; ab einem Fernmeldeturm und einem Bauerngehöft werden Sie nach links mit manch schönem Ausblick belohnt.

Blick auf Aachen

Der Prunkweg bergab macht von seiner Befahrbarkeit her seinem Namen keine Ehre mehr; der Abschnitt bis zur Waldstraße verlangt einige Aufmerksamkeit. Doch dann geht er in die asphaltierte **Waldstraße** über, die Sie zur Durchgangsstraße von **Verlautenheide**, der **Verlautenheidener Straße**, bringt.

Aachen, Aachener Wald, Mulleklenkes

Bei den ersten Häusern dieser Straße stand früher auch ein Wachtturm wie der von „Linzenshäuschen"; davon ist aber heute oberirdisch nichts mehr feststellbar. In den Kämpfen um Aachen während des Zweiten Weltkriegs hat Verlautenheide stark unter Artilleriebeschuss zu leiden gehabt; ein Grund, weshalb in diesem uralten Straßendorf so viele neue Häuser stehen.

TOUR 16

Nach der Kirche biegen Sie **links** in den **Heider-Hof-Weg** ein und erreichen hinter dem **Sportplatz** nach **rechts** eine hohe **Brücke** über die Autobahn; talwärts bieten sich Ausblicke auf Aachen. Dahinter sollten Sie durch einen **Links-rechts-Schwenk** dem **Kreuz** auf dem **Haarberg** zustreben.

Aus schwarzem Stahl 1972 errichtet, mahnt es hoch aufragend zum Frieden. Vom Umgang her hat man eine wundervolle Aussicht in die ganze Runde.

Haarener Kreuz

Nun geht es **abwärts** und an der Einmündung **links**; dann liegt rechts, verträumt im Gebüsch, der **ehemalige jüdische Friedhof**[1] Haarens von 1839.

Haarberg, jüdischer Friedhof

Nun wird die Straße breiter, aber noch **abschüssiger** und **gewundener** bis zur **Alt-Haarener Straße**. Dort, neben der Autobahnbrücke, müssen Sie auf dem Radweg gegenüber etwa **200 m links** hinunter bis zur Ampel und gleich **rechts** in die Straße **Am Kaninsberg** hinein, die alsbald in die **Würselener Straße** mündet.

Diesem Straßenverlauf nach **links** schließen Sie sich an bis zur Straßeneinmündung **rechts**, **In den Atzenbenden**. Hier durchfahren Sie eine schöne Wohnsiedlung und am Ende am Friedhof entlang die **Friedenstraße**, die zum Ortsende in einer Linkskurve als leichte Erhöhung über einen einstigen Bahnübergang verläuft.

Danach geht die beschilderte Radroute als **Friedenstraße** nach **rechts** weiter und unter den Autobahn hindurch. Neben einem Bauernhof orientieren Sie an der Beschilderung Richtung **Knotenpunkt 9**[2], Wurmtal/Kohlscheid. Sie halten also nach **links**, der Weg führt steil hinab und (zweigeteilt) unter der B 57 hindurch und wieder hinauf in Sichtweite des Hauses *Kaisersruh*.

---

[1] 1938 nach dem Pogrom total zerstört; seit 1998 ein Mahnmal der Stadt Aachen.

[2] Künftig **KP** genannt.

TOUR 16

Bleiben Sie auf der Route an der Ruine des Hauses vorbei zum **KP 9**, an der **Wolfsfurth** gelegen. Nun ist Ihr nächstes Ziel **KP 8**. Es geht über die Wurm hinweg und dann kurvenreich auf Wanderpfaden ziemlich steil hinauf zum **Paulinenwäldchen**; hier sollte man besser vom Rad absteigen. Oben endet dieser Weg am **Blauen Stein**.

> Das ist ein Denkmal zu Ehren der Schwester Napoleons, Charlotta, die sich später Maria Pauline nannte und hier gerne spazieren ging. Es heißt auch, dass dieser Obelisk der Vermessung der Lande diente, die in den Karten von Tranchot ihren Niederschlag fand.

Lassen Sie sich zum KP 8 leiten über die Straße **Zum Blauen Stein** noch aufwärts nach **Berensberg**. Gegenüber verläuft dort die **Berensberger Straße** mit dem links liegenden **Radweg**.

> Bis ins 13. Jh. hinein lässt sich das Geschlecht derer von Berensberg verfolgen, das hier am „Aachener Landgraben" seinen Wohnsitz hatte, natürlich eine wasserumgebene Burg mit Wehrturm. 1599 wurde sie neu errichtet; in ihren Grundzügen ist diese Anlage heute noch im *Berensberger Hof* enthalten, der rechts an der Straße steht, wenn auch der Portikus des Treppenturms dem Ganzen den Stil des 19. Jh. aufzwingt. Das Kirchlein dahinter ist sehenswert und hat eine mehr als 600-jährige Geschichte.

Auf dem Radweg rollen Sie **KP 8** entgegen, darüber hinaus durch die südliche Bebauung von Richterich und kommen zur **Ampel** an die **Roermonder Straße**. Geradeaus gelangen Sie in die **Horbacher Straße**.

Nach **Überqueren** der Eisenbahnlinie fahren Sie sofort **links** in den ruhigen **Hander Weg**. Zwischen den Gebäuden des ehemaligen *Gutes Hand* (1630) lenken Sie hindurch, kreuzen dann die Karl-Friedrich-Straße und sind am **Schulzentrum** in Laurensberg.

Fahren Sie nach **links** über die großen **Parkplätze**, an den **Sportplätzen** ebenfalls und an deren Ende nach **rechts** in die **Vetschauer Straße**. Auf ihr gelangen Sie bergauf zur **Laurentiusstraße**, die Sie nach **rechts** befahren, wo **links** der schöne *Barrierehof* von 1780 liegt, der seinen Namen einer Wegzollschranke verdankt. Gegenüber steht in Wiesen das ehemalige Rittergut *Berger Hochkirchen*, erwähnt schon im 12. Jh.

Sie müssen **schräg** gegenüber in die **Orsbacher Straße** hineinfahren, biegen aber schon bald **links** in den **Herzogweg** ab und folgen ihm eine ganze Strecke bergan. Vorbei geht es an Wiesen und Feldern, eingefasst durch prächtige Hecken, mit wunderschönen Aussichten auf den Aachener Talkessel. Oben zweigt nach **links** der **Rohrbergweg** ab, auf dem Sie steil von der Höhe herabgleiten können auf die mit alten Kopfsteinen gepflasterte Straße **Seffenter Berg** in **Seffent**.

Hier radeln Sie in die **Schurzelter Straße** nach **rechts** und ab Ortsende auf dem **links** liegenden Radweg bis zum **Rabentalweg**, dort nach **links** und am nächsten Weg neben einem Weiher **rechts** ab. Die Gebäude der Uniklinik liegen nun schräg voraus. An der Asphaltstraße, **Schneebergweg**, kommen Sie nach **links** weiter; am Ende des Weges liegt links *Gut Melaten*.

Genau **gegenüber** beginnt noch vor dem **Helmertweg** ein unbenannter Weg, in den Sie nun nach **rechts** fahren. Durch Grünanlagen zwischen Hochschul- und Uniklinikgebäuden gelangen Sie schließlich vor eine hohe Brücke und an eine Wegegabelung **links**, die Sie emporführt auf den Radweg der **Pauwelsstraße** und nach **rechts** über diese Brücke Richtung Haupteingang Uniklinik.

Sie aber nutzen vorher die **erste** Straße, die **Kullenhofstraße**, nach **links** und werden dann über den **Pariser Ring** geleitet. Den Radweg rollen Sie nach **rechts** hinab an die **Vaalser Straße**. Hier sind es nach links nur noch wenige Meter bis zum **Parkplatz**.

Frohes Schauen beim Radeln!

TOUR 16

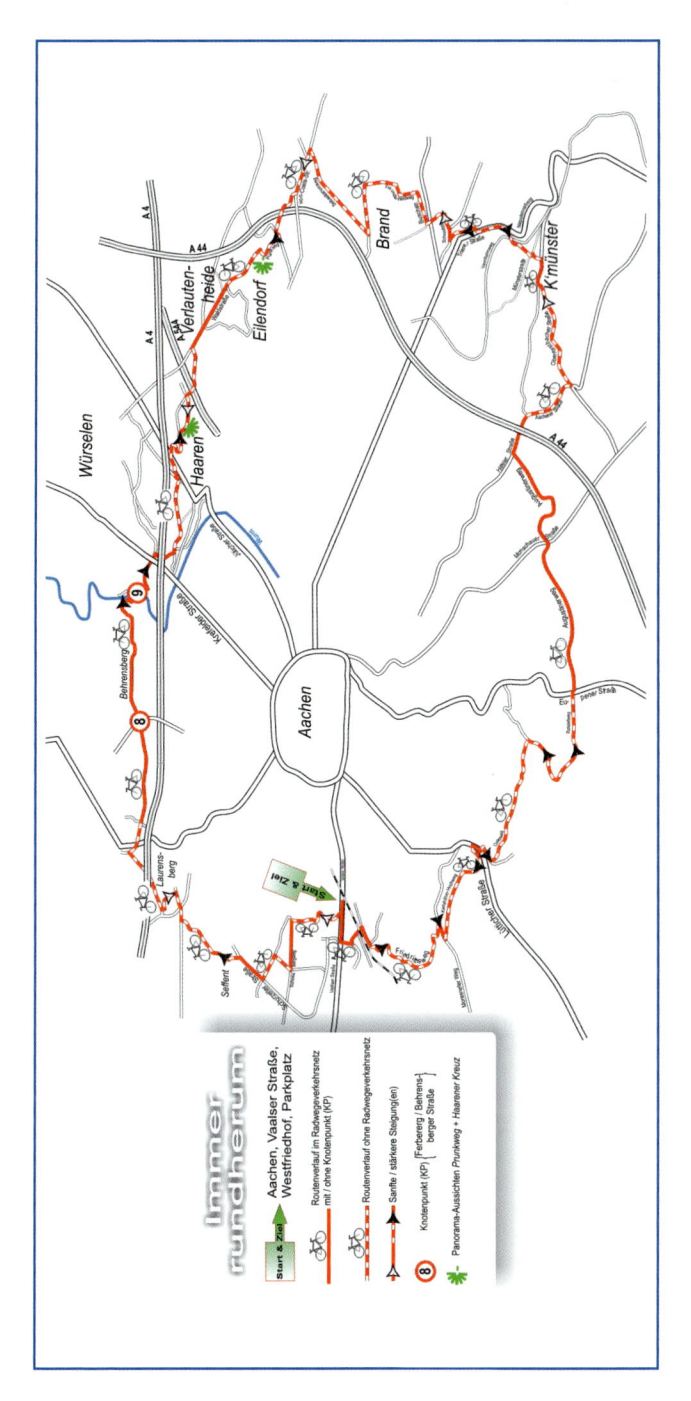

Bildnachweis

Titelgestaltung: Sabine Groten
Titelfoto: Klaus Voß
Fotos und Grafiken: Klaus Voß

DIE EUREGIO AUF DEM RAD ERKUNDEN

Band 1
Bruno Bousack
RADFAHREN IN DER EUREGIO

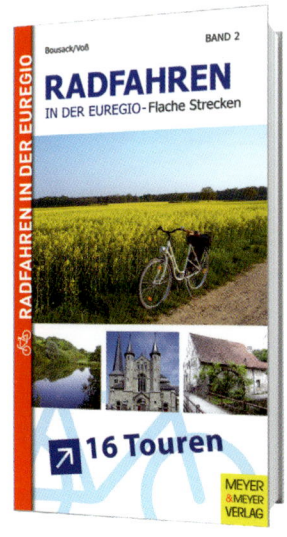

Band 2
Bruno Bousack & Klaus Voß
RADFAHREN IN DER EUREGIO

Flache Strecken

Die idealen Wegbegleiter für alle Fahrradbegeisterte, die die Euregio per Rad erkunden wollen. Alle Touren sind nach kurzer Autoanfahrt zu erreichen. Die Rundkurse führen durch die reizvollsten Landschaften von Aachen und Umgebung. Die Autoren achteten ganz besonders darauf, dass auch Kinder und Senioren den Spaß während der Fahrradtouren durch eine Überanstrengung nicht verlieren.

178 Seiten, in Farbe, 42 Fotos,
20 Abb., Tourenbeschreibungen
mit Wegkarten, Paperback mit
Fadenheftung, 11,5 x 21 cm
ISBN 978-3-89899-163-6
E-Book 978-3-8403-0487-3
€ [D] 9,95

216 Seiten, in Farbe,
191 Fotos, 16 Abb.
Klappenbroschur, 11,5 x 21 cm
ISBN 978-3-89899-619-8
E-Book 978-3-8403-0774-4
€ [D] 12,95

Alle Bücher auch als E-Books – bequem & sicher, powered by **mediaTresor** SECURE E-BOOK

MEYER & MEYER VERLAG
Von-Coels-Str. 390
52080 Aachen
www.dersportverlag.de

Tel.: 02 41 - 9 58 10 - 13
Fax: 02 41 - 9 58 10 - 10
E-Mail: vertrieb@m-m-sports.com
oder bei Ihrem Buchhändler

MEYER & MEYER VERLAG